트럼프에 관한 오해와 진실
한국인만 모르는 도널드 트럼프

감사의 말씀

책 "트럼프에 관한 오해와 진실"의 출판을 독려하고 물심양면으로 다양한 지원을 해 주신 국제자유주권 총연대 공동대표 신숙희 박사님과 모금 및 출판에 지대한 도움을 주신 한미동맹 연합회의 한국대표 유상용 대표님께 특별한 감사를 드립니다. 그 외에 이 책을 발간할 수 있도록 도움을 주신 모든 분들께 깊이 감사드립니다.

책 읽기

이 책은 '마이클 심 TV' 유튜브 방송의 영상 중 도널드 트럼프 대통령 관련 영상을 발췌하여 집성한 책으로서 글의 표현과 문구가 기존 서적의 문어체와는 달리 방송할 때 여러분들께 말씀드리는 저의 대화 그대로를 편집하여 구어체로 출판한 책입니다. 독서를 하신다기보다 제가 독자 여러분께 직접 드리는 말씀을 청취하는 기분으로 읽으시길 권해드립니다. 발췌한 마이클 심 TV의 MS 영상 번호를 소제목과 함께 기재했습니다. 효과적인 독서를 위해 유튜브에서 해당 영상을 같이 시청하시길 권해 드립니다.

트럼프에 관한 오해와 진실
- 한국인만 모르는 도널드 트럼프

초판 1쇄 인쇄 | 2024년 10월 1일

지은이 | 마이클 심
펴낸이 | 유상용
펴낸곳 | 강남신문사
주　소 | 서울시 강남구 영동대로 738, 현대리버스텔 1306호
전　화 | 02-511-5111
팩　스 | 02-545-5466
E-mail | kangnamnews@hanmail.net

신고번호 | 제2023-000331호
신고년월일 | 2023년 10월 19일

ISBN　979-11-985094-1-3　03340

잘못된 책은 구입처나 본사에서 교환해 드립니다.
이 책의 판권은 지은이와 강남신문사에 있습니다.
저작권법에 따라 보호받는 저작물이므로 무단전재와 무단복제를 금지합니다.

Michael Sim TV 방송 요약집 1 (도널드 트럼프 편)

트럼프에 관한 오해와 진실

한국인만 모르는 도널드 트럼프

■ 축하 메시지

    마이클 심 박사께서 이번에 귀한 책을 출간하시게 된 것을 축하드립니다.
    지난 여름, '마이클 심 박사 초청 특별 간담회'를 황교안 비전캠프에서 개최하면서 '미국의 외교정책과 한미관계'에 대한 마이클 심 박사의 고견을 듣고 활발히 토론했던 기억이 새롭습니다.
    제가 대통령권한대행이었던 시절, 미국 대통령으로 당선된 트럼프 대통령과 3차례에 걸친 전화통화를 했던 소회를 나누며, 그동안 한국 사람들이 트럼프 대통령에 대해 궁금했던 점이나 정책, 그리고 주류 언론에 비쳐진 트럼프 대통령에 대한 오해에 대한 다양한 질문과 답변이 오갔던 유익한 시간이었습니다.
    마이클 심 박사는 트럼피즘의 출현 배경과 한미관계의 중요성을 긍정적 측면에서 잘 설명해 주셨습니다.
    주류 언론의 편향성과 왜곡된 여론 몰이는 미국이나 한국 모두가 앞으로 헤쳐나가야 할 과제로 보여집니다.
    이러한 상황에서 유튜브 등 다양한 미디어를 통해 진실을 전하려는 노력을 한다는 점에서, 마이클 심TV를 운영해 오신 박사님께 박수를 보냅니다.
    이러한 노력들을 통해 우리는 정의를 세우는 길로 한 발자국씩 다가가고 있다고 믿습니다.
    마이클 심 박사의 책이 출간됨으로써, 미국에 대해 우리가 진실에 좀더 부합되는 정보를 접하고, 한미동맹을 굳건히 하는 지혜를 얻고, 자유민주주의 체제를 수호해 나가는 데 큰 도움이 되리라 믿습니다.
    다시 한번 출간을 진심으로 축하드립니다.

2024. 10.

대한민국 제44대 국무총리

황교안

■ 축하 메시지

　대한민국은 5천년 역사에 1천번의 침략을 당했을 정도로 늘 외세로부터 어려움을 겪었습니다. 심지어 국제 정세에 어두울 때는 나라를 빼앗기기도 했습니다. 강대국들에 둘러싸인 지정학적 위치, 수출 중심 경제 구조로 인해 대외 변수 관리는 여전히 우리의 생존과 직결된 문제입니다.
　미국은 우리나라의 유일한 군사 동맹입니다. 1953년 맺은 한미상호방위조약은 전쟁의 폐허 속에 풍전등화의 위기에 있는 나라가 세계 최강국과 서로를 방위하겠다고 맺은 약속입니다. 그런 놀라운 조약을 성사시킨 양국 지도자들의 혜안을 바탕으로 대한민국은 지난 70년간 전쟁을 겪지 않았고 세계사에 기록될 만한 놀라운 경제성장과 민주주의의 발전을 이뤄냈습니다. 미국의 상황은 앞으로도 세계 평화는 물론이고 한국의 번영에도 큰 영향을 미치게 될 것입니다. 이에 우리 후손들을 위해서라도 미국을 제대로 공부하고 알아야 합니다.
　2016년 미국 대선에서 도널드 트럼프의 승리는 많은 사람들을 놀라게 했습니다. 당시 한국의 언론들은 대체로 트럼프를 다소 이상한 사람으로, 선거에서 열세를 보이는 것으로 보도했으나 실제로는 승리했기 때문입니다. 그 때 우리는 미국에 대한 정보가 정확하게 전달되고 있는지 왜곡되고 있는지를 잘 살펴야 한다는 교훈을 얻었습니다.
　마이클 심 박사님은 최근 국제정치와 미국의 상황을 내셔널리즘과 글로벌리즘의 대결 구도로 바라보며 트럼피즘이 가지는 의미를 날카롭게 분석합니다. 국회정보위원장을 지냈던 저는 국제질서와 외교안보 문제에 대한 새로운 시각과 해석에 흥미가 있습니다. 최근에 마이클 심 박사를 경북도청의 아침 공부 프로그램인 '화공특강' 강사로 초청했었는데, 그의 강연을 들은 많은 공무원들이 국제질서와 미국의 외교정책을 이해하는 데 큰 도움이 됐다고 호평했습니다.
　이 책의 출간으로 더 많은 분들이 미국의 현실과 국제 질서에 대해 생각해 볼 기회를 가지게 될 것입니다. 특히 국내 정치 상황도 함께 생각하면서 입체적으로 이해해 보려고 노력한다면 미국과 한국, 국제사회의 복잡한 현실에 대해 식견을 넓힐 수 있으리라 생각합니다. 이 책이 미국을 냉철하게 이해하고 우리의 대응을 준비하는 데 소중한 자료가 되리라 믿고, 한미 양국의 우호 관계를 강화하고 세계 평화에 기여할 것이라 기대합니다. 마이클 심 박사님의 저서 출간을 진심으로 축하드립니다.
　감사합니다.

2024. 10.

경북도지사 이철우

■ 축하 메시지

지난 6월 28일에 모국에서 개최된 '한미주권회복포럼'에 마이클 심 박사님께서 주연사로 초대되어 트럼피즘의 출현 배경과 한국의 안보, 정치, 외교에 미칠 긍정적 효과의 중요성을 많이 홍보하였습니다.

그럼에도 최근 두 번 트럼프 암살시도와 더불어 여전히 한미주류 방송의 편향 보도와 왜곡으로 많은 국내 포함 미국 거주 한국인들이 트럼프에 대한 오해를 하고 있습니다.

마이클 심 박사님은 누구보다 이 기득권 세력의 나팔수인 주류매체의 편향성을 익히 파악하고 미국의 실질 정치 경제 외교를 정확히 객관적으로 알리기 위해 지난 몇 년간 바쁜 가운데도 마이클심 TV를 운영해 오셨습니다.

심 박사님은 메사추세스 대학에서 국제경제학부 교수를 하셨고 그 전에 30년 이상 미국 유수의 방산, 의료계 대기업의 국제운영을 책임져 온 이론과 실무를 겸한 국제정치, 경제, 외교 전문가이십니다.

이번에 이분의 선한 영향력과 전문 지식에 바탕을 둔 중립적 객관적 비평으로 만들어진 유튜브를 책으로 발간할 수 있음을 해외동포 모든 분을 대신하여 진심으로 축하드립니다.

실제 올해 11월에 있을 미 대선을 앞두고 세계 특히 미국 정치 외교 전문가가 손꼽히도록 적은 현실에서 심 박사님의 이번 책은 트럼피즘에 기초한 미국 정치와 대한민국 외교정책에 대한 건강하고 올바른 시각을 갖게 해 줄 것을 확신합니다.

그동안 이 책 출간을 주도하신 국제자유주권총연대 국제협력대표 유상용 박사님께 깊이 감사드립니다. 이분의 수고 없이 책 출간은 어려웠을 것입니다. 그리고 물심양면 지원해 주신 국내외 해외동포 대표님 특히 국제자유주권 총연대 임원님께 이 자리 빌어 감사드립니다.

특히 힘든 가운데에서 책 발간에 기부해 주신 국제자유주권총연대 임석현 목사님, 미미송 박사님, 양재윤 박사님 그리고 자주연 한국본부 대표 윤석남 회계박사님께 특별히 감사의 말씀 이 자리 빌어 올립니다. 자주연 호주 협의회 고문이신 조기덕 회장님 이번에도 후한 기부해 주심을 진심으로 감사드립니다.

이 책 발간을 계기로 트럼프 당선 여부 상관없이 그에 대한 올바르고 정확하며 객관적 지식 전달로 한미동맹이 더욱 강화되길 바랍니다. 나아가 양국의 탈취된 주권회복으로 자유민주체제가 더욱 굳건하여 한반도 자유통일로 이어져 세계평화가 성취되길 간절히 기원합니다.

2024. 10.

국제자유주권 총연대 공동대표 (중앙 한국 임원을 대표하여)
호주 시드니 벨라 비스트에서
신숙희 (PhD in TESOL)

■ 추천사

  미국과 한국 공히 왜곡되고 조작된 가짜 뉴스가 넘쳐나는 혼돈의 시기에 미국의 정치, 경제 등 사회 각 분야에 걸쳐 팩트를 정확하게 파악하고 분석하여 대중들에게 유익한 정보를 전달하는 마이클 심 박사의 유튜브 방송인 '마이클 심 TV' 방송 내용을 발췌해 '트럼프에 관한 오해와 진실'을 출간하게 됨을 매우 기쁘게 생각합니다.
  현재 미국의 주요 신문과 방송 등 주류 언론매체들 대다수를 글로벌리스트 세력들이 장악하고 있어, 그들의 통제와 영향력 아래 있는 매체들은 대중 매체로서 기능을 상실하고 왜곡, 편향되고 조작된 가짜 뉴스를 양산해 시청자들과 독자들에게 무차별적으로 살포함으로써 국민들의 올바른 판단과 선택을 방해하는 한편 가치관의 혼돈을 초래하고 있습니다.
  이와 같은 현상은 비단 미국만의 현상이 아닙니다. 우리나라도 주요 신문과 방송 등 주류 언론매체들이 국제뉴스는 미국에서 생산된 왜곡되고 조작된 가짜 뉴스를 확인 절차 없이 사실 인양 무차별적으로 쏟아내고 있으며, 국내 뉴스 또한 언론매체로서 기능을 상실하고 특정 정당이나 세력들의 이해관계에 따라서 사실을 왜곡하고 조작해 그들의 나팔수로 전락해 국민들의 판단을 흐리게 하고 있습니다.
  실례로 우리나라의 주요 언론매체들은 최근 몇 년 동안 실시된 각종 선거에서 부정선거의 증거들이 차고 넘치는데도 주요 신문과 방송 등 대다수가 약속이라도 한 듯 부정선거에 관한 보도를 금기시하고 있습니다. 또한 광주 5.18에 대해서도 사건 발단의 배경 및 배후세력과 유력 정치인들의 이름이 포함된 가짜 유공자들의 명단이 공공연하게 발표됐음에도 어떤 매체도 이와 같은 특종감 기사들을 보도하지 않고 외면하고 있습니다.
  따라서 투철한 사명감과 언론관을 갖춘 언론인과 건전한 언론매체 등의 역할과 기능이 그 어느 때보다도 절실히 요구되는 지금입니다.
  특히 미국의 경우 11월 대통령선거를 앞두고 공화당과 민주당 등 양 정당과 유력 대통령 후보들에 관한 정확한 정보와 정책 등의 분석과 전달이 그 어느 때보다도 절실히 요구됩니다.
  따라서 마이클 심 박사의 '트럼프에 관한 오해와 진실' 단행본 출간이 다소 늦은 감이 없지 않으나 팩트에 입각한 정확한 분석과 판단 및 정확한 정보 전달이 절실히 요구되는바, 뜻 있는 지성인들의 일독을 강력하게 권하는 한편 주변인들에게도 적극 권유하여 우리 모두가 후회 없는 선택을 함으로써 국가와 인류 평화 및 자유 민주주의 발전에 기여해 주실 것을 간곡히 당부드립니다. 감사합니다.

2024. 10.

한미동맹협의회 한국본부 대표/행정학박사

유상용

■ 서문

'트럼프에 관한 오해와 진실'을 쓰며

　공화당의 도널드 트럼프 후보와 민주당의 힐러리 클린턴 후보가 겨뤘던 2016년 미 대선 당시 미국의 모든 주류언론은 힐러리 클린턴 후보의 당선 가능성은 85~92%에 달하고 도널드 트럼프 후보의 당선 가능성은 사실상 전무하다고 선거 당일인 2016년 11월 8일 오전까지 한결같이 주장하며 미국의 첫 여성 대통령 당선을 기정사실화하는 보도를 했습니다.

　선거인단 표 총 538표 중 힐러리 클린턴이 최소 457표 이상 득표를 하고 트럼프 후보는 81표 이하를 득할 예측이라는 것이었습니다. 그러나 개표결과는 정반대로 트럼프의 대승이었습니다. 과반수 이상인 270표를 득하면 대통령에 당선되는 것인데 트럼프- 304표, 힐러리- 227표로 무려 77표 차로 힐러리 클린턴을 눌러버린 천지가 개벽을 할 정도의 대승을 거두었습니다.

　저는 2016년 미 대선을 보면서 어떻게 미국의 거의 모든 주류언론사가 이렇게 크게 틀릴 수가 있을까 하는 깊은 고민에 빠졌고 이내 오늘날 미국의 정치와 주류언론은 진실이 아니라 'Virtual Politics'(본문 133페이지 참조)와 'Narratives'(스토리텔링)가 지배하고 있는 것을 깨달았습니다.

그리고 2020년 코로나바이러스 공포가 몰아치면서 나는 왕과 귀족이 지배하던 16세기에 모든 인간이 동등하고 상하 없는 평민의 나라로 개국한 미국의 정신은 더 이상 찾아볼 수 없는 미국을 발견했습니다. 문화적 선동을 통해 대중을 조정하려는 새로운 귀족적 지배층이 형성되고 소련 붕괴 이후 유일한 초강대국된 미국의 신외교정책인 글로벌 헤게모니 정책을 도구로 전세계를 리드하려는 세력층이 미국 내에 형성되면서 미국의 전통가치인 평등, 천부인권, 기독교 정신이 파괴되는 것을 우리는 목도하고 있습니다.

미국의 글로벌 정책인 '리버럴 헤게모니'가 전 세계 나라들의 전통적 가치와 부딪히며 세계 각국의 정치, 경제에 막대한 영향을 미치고 있는 현실과 좌경화되는 사회, 문화 현상의 원인을 바로 알리고자 '마이클 심 TV' 유튜브 채널을 운영해 오고 있습니다. 그동안 방송한 영상 중에 미국과 국제사회를 올바로 이해하려면 반드시 알아야 할 내용의 영상들을 발췌하여 혼란의 근원인 미국의 글로벌 정책에 맞서며 내셔널리즘으로 회귀를 주장하는 트럼프 대통령이 추구하는 보편과 평등의 가치를 한 권의 책으로 만들어 널리 알리고자 "트럼프에 관한 오해와 진실"을 출판합니다.

2024. 10.

마이클 심(Michael Sim)

■ 차례

- ■ 축하 메시지　　4
- ■ 추천사　　7
- ■ 서문　　8

1　**MS2**　　14
뉴욕타임스 트럼프 납세 회피 기사의 진실

2　**MS6**　　20
〈2020 미국 대선〉 내셔널리즘과 글로벌리즘의 대결

3　**MS21**　　25
〈미국을 알자 3〉 평민의 나라에서 귀족의 나라로, 그리고 다시
평민의 나라로 – 18세기 말, 세계 유일의 평민들이 만든 평민을 위한 평민의 국가, 미국

4　**MS34**　　31
미국, 어디로 가나

5　**MS35**　　40
〈워싱턴의 깊은 늪과 트럼프의 전쟁〉
시간이 촉박한 트럼프의 깊은 딜레마

6　**MS36**　　46
냉전 이후 최고의 외교전략가 트럼프 대통령 – 소위 전문가 집단의 반대를
무릅쓴 외교로 세계를 더 안전한 곳으로 만든 그의 뛰어난 외교적 업적들을 돌아본다.

7　**MS42**　　52
〈미국을 알자 5〉 50개의 다른 나라가 존재하는 국가
– 국민 모두 국적이 두 개인 나라. 플로리다, 아이다호, 노스다코타, 텍사스 빅테크 제재 시작

8	MS48	57

〈미국을 알자 9〉 주류 언론의 편향과 왜곡
– 워싱턴 포스트 오보 두 달 후 철회, 추측 보도 미리 써놔.

9	MS60	62

트럼프 돌아오다. 내부의 적을 제거하며 조용히 투표법 개정을
성공시키고 있는 트럼프

10	MS90	66

페이스북, 팩트-체크는 가짜라고 시인하다

11	MS92	70

2022년, 미 민주당 쇠락의 원년 될 가능성 커

12	MS101	74

좌파의 전략 : 컬쳐럴 헤게모니

13	MS113	79

국제유가에 강력한 영향을 주는 미국 파워의 원천

14	MS134	83

미 민주당 1월 6일 위원회는 선동 수단. 트럼프 기소 계획 없음 발표

15	MS150	87

트럼프의 워싱턴 스왐프 숙청 리스트, 스케줄 F

16	MS162·163	91

사람들이 트럼프를 싫어하는 진짜 이유

17	MS186	96

모더니즘을 몰락시킨 트럼프

18 MS215 100
주류 언론을 믿는 미국인 아직도 26%

19 MS228 104
미국 역사상 처음 대통령 기소. 지지도와 기부액 급상승하며
2024 향한 입지 강화하는 트럼프

20 MS231 108
미국, 민주당에서 공화당으로 당적 바꾸는 의원 증가 - 확장하는 보수 세력

21 MS259 112
트럼프 재선과 한반도 및 국제안보 (2부 : 한반도)

22 MS269 118
트럼프 재선 기반 다져준 2023년

23 MS270 123
왜 트럼프가 2024년 대선에서 재선될까?

24 MS272 127
민주당을 떠나는 미국의 젊은이들

25 MS291 132
잘 안 먹히는 Virtual Politics. 다급한 미 민주당

26 MS294 137
미 대법원 9대0 만장일치 판결. 트럼프 대선 명단서 제외 불가

27 MS299 141
트럼프, 미 역사 재현하는 대통령 되나

| 28 | MS311 | 146 |

트럼프 국가기밀 문서 재판, 검찰이 증거 조작 인정

| 29 | MS316 | 150 |

실리콘 밸리에 부는 변화의 물결

| 30 | MS317 | 155 |

유죄판결 이후 더 높아진 트럼프의 인기.
왜 미국인들은 트럼프에 열광하나

| 31 | MS319 | 159 |

트럼프 암살 실패. 배후 세력은?

| 32 | MS322 | 163 |

바이든 대선 포기 시점

| 33 | MS323 | 167 |

카멜라 해리스가 도널드 트럼프를 앞선다?

| 34 | MS326 | 170 |

사회주의자를 러닝메이트로 선택한 해리스

| 35 | MS333 | 174 |

미국 망가뜨리는데 (동원되는 줄도 모르고) 동참하는 한인들

| 36 | MS335 | 180 |

드디어 진짜 통계 나왔다. 트럼프 당선 가능성 60% 이상

| 37 | MS337 | 185 |

트럼프-해리스 토론 심층분석. 좌파 언론도 트럼프 승리 인정

1

MS2. 뉴욕타임스 트럼프 납세 회피 기사의 진실

오늘은 뉴욕타임스에 1면 톱기사로 보도된 내용에 대해 말씀드리겠습니다. 뉴욕타임스는 트럼프 대통령이 엄청난 채무를 지고 있으며, 비즈니스를 만성적으로 적자 운영하고, 오랜 기간 동안 세금을 내지 않았다는 내용으로 대서특필 했습니다. 트럼프의 젊은 시절 사진까지 1면에 실으며 크게 보도했죠. 제가 먼저 해당 기사를 읽어보았는데, 기사에서 강조한 두 가지 주제에 대해 말씀드리려 합니다.

우선, 기사의 헤드라인은 "Tax Records Reveal How Fame Gave Trump a $427 Million Lifeline"으로서 트럼프의 유명세가 그에게 4억 2,700만 달러의 생명줄을 제공했다는 내용입니다. 이 문장에서 "reveal"이라는 단어는 그냥 단순히 드러났다는 의미보다는, 뭔가 숨기고 감추려했던 것이 결국 드러났다는 뉘앙스를 전달하고 있습니다. 이것은 공정하지 않다고 볼 수 있습니다. 왜냐하면, 트럼프가 1980년대 말과 90년대 초에 항공 사업과 카지노 사업을 운영하다가 파산에 이르렀다가 재기한 사실은 당시 많은 사람들이 알고 있었기 때문입니다.

트럼프는 세계에서 가장 큰 카지노 중 하나였던 '타지마할'을 운영했지만, 파산위기 당시 대출해 준 은행들과 협상 테이블에 앉게 되었습니다. 협상의 달인으로 알려진 트럼프는 당시 대출을 더 받는 쪽으로 협상을 마무리했으며, 이자와 대출 원금의 상당 부분을 탕감받았고, 상환 기한도 연장되었습니다. 이러한 상황을 기억하는 사람들은 해당 기사가 왜곡된 것임을 알고 있습니다. 기사는 트럼프가 어떻게 사업을 회생시켰는지에 대해 제대로 설명하지 않고, 오해를 유발시킬 수 있는 내용으로 보도하고 있습니다.

그러나 오늘 제가 집중하고자 하는 것은 기사의 본문보다, 그 밑에 작은 제목으로 나온 "President Trump's taxes show chronic losses and years of tax avoidance"라는 문장입니다. 이 부분은 "트럼프 대통령의 세금 기록은 만성적인 손실과 오랜 세금 회피를 보여준다"라는 뜻입니다. 여기서 중요한 두 가지 질문이 생깁니다.

첫째, 트럼프가 만성적인 적자를 겪었다는 것이 진실인가? 둘째, 트럼프가 오랫동안 세금을 안 내고 회피해 왔다는 것이 사실인가? 이 두 가지 주장 모두 틀린 설명입니다. 그 이유를 설명드리겠습니다.

Tax Avoidance와 Tax Evasion의 차이

먼저, Tax Avoidance(세금 회피)와 Tax Evasion(세금 포탈)의 차이를 알아야 합니다. Tax Evasion은 내야 할 부과된 세금을 고의적으로 내지않는 불법인 것입니다. 반면, Tax Avoidance는 세법에 따라 합법적으로 감세 혜택을 받는 것을 의미합니다. 하지만 'Avoidance'라는 단어는 의미 자체가 피한다는 부정적인 의미이기 때문에 'Avoidance'가 합법인데도 불구하고 일반인들은 세금을 불법적으로 안 낸다는 인상을 줄 수 있습니다. 뉴욕타임스는 이를 악용하여 독자들이 트럼프가 세금을 불법적으로 회피한 것처럼 생각하도록 유도를 했습니다. 많은 사람들이 기사만 보면 "나는 소액을 벌어도 세금을 내는데, 트럼프는 이렇게 큰 부자인데도 세금을 내지 않았다"라고 생각할 수 있습니다. 이는 완전히 잘못된 해석인데 그 이유를 자세히 설명해 드리겠습니다.

소득세와 세금 구조

세금에는 다양한 종류가 있습니다. 우리가 물건을 살 때 내는 판매세(sales tax), 집을 소유할 때 내는 재산세(property tax), 그리고 사업체를 운영할 때 내는 법인세 등이 있습니다. 트럼프 경우 NYT가 문제를 삼은 것은 소득세(income tax)였습니다. 소득세는 소득이 발생할 때만 부과되는 세금입니다. 소득이 없으면 소득세를 내지 않습니다.

뉴욕타임스는 "만성적 적자와 오랜 기간 세금 회피"라고 표현했지만, 적자가 나는 상황에선 소득이 없으므로 소득세를 내지 않는 것은 당연한 일입니다. 소득이 없거나 손실이 발생했기 때문에 소득세를 내지 않았을 것입니다. 이 문장은 문장의 앞과 뒤 그 자체가 모순된 주장입니다. 오랫동안 적자가 계속되는데 어떻게 소득세가 발생을 하겠습니까?

투자와 세금

트럼프와 같은 대규모 사업가는 보통 투자 원금을 회수하기까지 수십 년이 걸립니다. 예를 들어, 트럼프가 1억 달러를 투자한 건물을 25년에 걸쳐 투자 원금을 회수하기로 한다면, 그 25년 기간 동안 발생하는 소득은 투자원금 1억 달러를 회수하는 과정으로 간주되어 세금이 부과되지 않습니다. 다시 말하면 비즈니스를 해서 1억 달러를 모두 벌어들여야 투자원금을 찾은 것이고 1억 달러 원금을 뽑아내고 난 후에 발생하는 돈부터 수입으로 간주되는 것입니다. 이는 미국 세법이 정한 규정으로서, 투자 원금을 회수할 때까지는 소득세를 내지 않도록 허용합니다. 예를 들어, 가령 어떤 1억 달러를 투자한 투자자가 1년에 평균 400만 달러 정도 세전소득이 발생해서 이 400만 달러가 매년 조금씩 나눠서 거둬들이고 있는 투자원금 회수액의 그해 일년 치에 해당되면 400만 달러 이하의 세전 수입은 (투자원금 회수액이지) 소득이 아니므로 전혀 세금을 내지 않는 것이고, 400만 달러 이상으로 벌어들어온 액수에 대해서만 소득으로 간주되어 세금이 부과됩니다. 트럼프가 지난 15년 중 10년 동안 세금을 내지 않았다는 것은 그 기간 동안 소득이 없었거나 손실이 발생했기 때문입니다. 이는 정상적이고 합법적인 세무, 회계 처리에 따른 결과입니다.

뉴욕타임즈는 트럼프가 세금을 회피하고 있다는 왜곡된 이미지를 조장하고 있습니다. 트럼프가 소득세를 내지 않은 것은 소득이 발생하지 않았기 때문에 적법한 세무 절차에 따른 것입다. 그가 오랜 기간 동안 적자를 겪고 있다는 주장도 사실과 다릅니다. 부동산이나 대규모 투자 사업에서 이익이 발생하기까지 오랜 시간이 걸리며, 그 기간 동안 소득이 없으면 세금을 내지 않는 것이 당연하고 세무 보고상에는 적자로 기록되는 것입니다.

마지막으로, 이 기사가 보도된 시점 또한 의도적이라고 볼 수 있습니다. 9월 29일, 민주당 후보 조 바이든과 공화당 후보 트럼프 대통령의 첫 번째 대선 토론 당일인데 뉴욕타임즈는 이 기사를 그날 조간판으로 대서특필했습니다. 이 시점에서 기사를 보도한 것은 여론에 영향을 미치기 위한 정치적 의도가 깔려있다고 볼 수 있습니다. 이 기사가 왜곡을 진실로 가장한 내용을 담고 있다는 것을 이해하신다면, 뉴욕타임즈와 같은 좌파언론의 보도행태에 대해 우리가 더 신중하게 접근해야 할 것입니다.

2

MS6. 〈2020 미국 대선〉
내셔널리즘과 글로벌리즘의 대결

오늘은 글로벌리즘(세계주의)과 그 반대 이념인 내셔널리즘(국가주의)에 대해 알아보겠습니다. 우리는 일상생활에서 '글로벌'이라는 단어를 자주 접합니다. 언론에서 '글로벌 시민'이라는 표현을 사용하거나 기업에서 '글로벌 헤드쿼터'라는 용어를 사용하는 것처럼 글로벌리즘은 우리의 삶 속에 깊이 뿌리내리고 있습니다. 글로벌리즘의 개념과 역사, 장단점 그리고 내셔널리즘과의 차이점에 대해 살펴보겠습니다.

1. 글로벌리즘과 내셔널리즘의 정의

글로벌리즘은 국적이나 인종에 관계없이 전 세계 모든 사람들이 기본적인 인권과 기초적인 생활을 누릴 권리가 있다는 이념입니다. 이에 반해 내셔널리즘은 개인의 정체성을 국가와 연계하여 바라보는 이념으로, 자국의 문화, 언어, 전통, 국익과 독립성을 중시하는 사상입니다.

2. 글로벌리즘의 시작과 변형

글로벌리즘의 시작은 1990년 9월 11일, 조지 H. W. 부시 대통령이 소련의 고르바초프와 함께 백악관에서 "New World Order"(새로운 세계 질서)를 선언하면서입니다. 냉전 종식 이후 더 이상 세계를 양분했던 공산 진영과 자본주의 진영의 대립은 의미를 잃게 되었고, 전 세계가 하나의 통합된 질서 안에서 공존하는 시대가 도래한 것입니다. 초기 글로벌리즘의 목표는 국가간 자본과 자원의 자유로운 이동을 촉진하고, 세계 각국이 상호 협력할 수 있는 체계를 구축하는 것이었습니다.

그러나 그 후 빌 클린턴이 대통령이 되면서 글로벌리즘은 약간의 변형을 겪게 됩니다. 클린턴 행정부 하에서 글로벌리즘은 단순한 경제적 통합을 넘어서, 인권과 복지 등 사회적 요소를 중시하는 새로운 형태로 발전했습니다.

3. 글로벌리즘의 장점과 단점

글로벌리즘의 장점은 모든 인류가 기본적인 인권과 생활을 누릴 수 있도록 하는 데 있습니다. 이는 이념적으로 매력적이며, 세계가 더 평등하고 공정한 사회로 나아가는 데 기여할 수 있습니다. 그러나 그 단점은 극단적으로 치닫을 때 나타납니다. 국경을 허물고, 여권이나 비자를 없애자는 급진적인 주장처럼, 글로벌리즘을 극단적으로 실천하려 할 경우, 현실적인 문제가 발생합니다. 예를 들어, 전 세계의 가난한 사람들을 지원하는 것은 이상적으로 보일 수 있지만, 이를 실행하기 위해서는 부유한 나라들이 엄청난 희생을 감수해야 합니다. 현실적으로는 각 국가가 자국의 이익을 우선시하는 상황에서 이러한 글로벌리즘은 지속 가능하지 않습니다.

4. 내셔널리즘의 역사와 변천

내셔널리즘은 국가라는 개념이 형성되면서 매우 오래전부터 존재해왔습니다. 자국의 문화와 전통을 보호하고, 국가에 대한 충성심을 중시하는 이념은 동서양을 막론하고 오랫동안 자리잡고 있었습니다. 그러나 내셔널리즘이 체계적으로 발전한 것은 근대의 일입니다. 특히 동양에서는 내셔널리즘이라는 개념이 19세기 후반에 서양의 정치사상과 철학이 도입되면서 처음으로 등장했습니다. 일본의 메이지 유신(1860년대)은 내셔널리즘이 본격적으로 일본에 도입된 시기로, 일본 정부는 당시 서구에서 유학한 지식인들이 배워온 사상들을 자국언어로 번역을 했습니다. 이 과정에서 내셔널리즘을 "민족주의"라는 용어로 번역했는데, 이는 오늘날 우리가 잘못 사용하고 있는 민족주의의 시초가 되었습니다. 그러나 서구의 "내셔널리즘"은 국적과 관련된 개념으로서 인종과는 무관합니다. 예를 들어, 미국에서 흑인, 백인, 아시아인이 모두 같은 국적을 가졌다면 이들은 동일한 "US National 또는 US Citizen(미국 국민)"로 간주됩니다. 반면, 동양에서는 '민족'이라는 개념이 혈연과 인종에 강하게 결부되어 있어, 서구의 내셔널리즘과는 다른 의미를 갖게 되었습니다.

5. 내셔널리즘의 장단점

내셔널리즘의 장점은 자국의 문화와 국익을 보호하며, 애국심을 고취하는 데 있습니다. 이는 국가의 발전과 독립성을 강화하는 중요한 요소입니다. 그러나 내셔널리즘이 과도하게 강조될 경우, 타국에 대한 배타적인 태도를 취할 수 있다는 단점이 있습니다. 이는 국제 사회에서의 갈등을 유발할 수 있으며, 특히 다문화 사회에서는 이러한 배타적 성향이 큰 문제를 일으킬 수 있습니다.

6. 2020 미국 대선: 글로벌리즘 대 내셔널리즘의 대결

2020년 미국 대선은 글로벌리즘과 내셔널리즘의 대결 구도를 명확히 보여줍니다. 도널드 트럼프 전 대통령은 "미국 우선주의(America First)"를 내세우며 내셔널리즘을 강조했고, 미국의 국익을 최우선으로 두는 정책을 추진했습니다.

이에 반해, 조 바이든 대통령은 글로벌리즘을 지지하며 국제 사회와의 협력을 강조하는 방향으로 정책을 추진하고 있습니다. 트럼프 대통령은 미국이 더 이상 전 세계를 위해 자원을 희생할 필요가 없다고 주장하며, 글로벌리즘이 미국의 이익을 해치고 있다고 보았습니다. 반면, 바이든 대통령은 미국이 국제사회에서 글로벌 리더십을 발휘해야 한다는 입장을 취하며, 글로벌 협력이 미국의 장기적인 이익을 보장한다고 주장했습니다.

글로벌리즘과 내셔널리즘은 각각 장단점을 지닌 이념입니다. 글로벌리즘은 세계가 하나로 통합되고, 모든 사람이 기본적인 권리를 누릴 수 있는 세상을 목표로 하지만, 이를 실현하는 데에는 현실적인 한계가 따릅니다. 내셔널리즘은 자국의 이익을 우선시하며, 애국심을 고취하는 긍정적인 효과가 있지만, 지나치게 강조될 경우 국제 관계에서의 갈등을 유발할 수 있습니다.

2020년 미국 대선은 이 두 이념이 충돌한 대표적인 사례이며, 향후 국제 사회의 방향성에 중요한 영향을 미칠 것입니다. 글로벌리즘과 내셔널리즘의 균형을 어떻게 맞출 것인지는 여전히 중요한 과제로 남아 있습니다.

3

MS21. 〈미국을 알자 3〉
평민의 나라에서 귀족의 나라로, 그리고 다시 평민의 나라로

– 18세기 말, 세계 유일의 평민들이 만든 평민을 위한 평민의 국가, 미국

오늘은 미국이라는 나라의 역사에 대해 이야기해 보겠습니다. 미국이 어떻게 탄생했으며, 짧은 시간 안에 어떻게 세계에서 가장 부강한 초강대국으로 발전했는지, 그리고 현재의 미국이 어디로 향하고 있는지 알아보겠습니다.

이를 위해 오늘의 비디오 제목을 '미국 평민의 나라에서 귀족의 나라로, 그리고 다시 평민의 나라로'라고 정해 보았습니다. 지금은 미국의 추수감사절 연휴 기간입니다. 추수감사절은 11월 넷째 주 목요일이며, 그 다음 날인 금요일부터 주말까지 총 4일간 휴일이 이어집니다. 이는 미국에서 가장 긴 연휴로, 크리스마스나 설날보다도 긴 명절입니다.

1. 미국의 탄생과 초기 역사

미국의 역사는 1620년으로 거슬러 올라갑니다. 영국에서 종교의 자유를 찾아 떠난 Puritan이란 필그림 그룹이 약 100명 남짓의 사람들과 함께 메이플라워호를 타고 신대륙을 향해 떠났습니다. 이들이 떠난 항구는 영국의 플리머스였으며, 도착한 미국 동부 해안의 지역도 그 이름을 따서 플리머스라고 불렀습니다. 오늘날 매사추세츠의 플리머스 지역에서 이들은 정착 생활을 시작하게 되었습니다. 그러나 이들은 신대륙에서의 혹독한 겨울을 견디지 못하고 많은 이들이 목숨을 잃었습니다. 약 절반이 사망했지만, 나머지 절반 정도인 약 52~53명은 살아남아서 현지의 아메리카 원주민들의 도움으로 농사짓는 법을 배우고 다음 해 1621년에는 첫 추수를 맞이하게 되었습니다. 이를 기념하며 영국인 52~53명과 원주민 90여 명이 함께 음식을 나누며 감사의 기도를 올렸던 것이 바로 첫 번째 추수감사절의 기원입니다. 이러한 혹독한 배경 속에서 탄생한 추수감사절은 미국 역사에서 매우 중요한 명절입니다. 사회의 가장 어려웠던 사람들에 의해 가장 힘든 상황에서 시작된 이 명절은, 오늘날까지 400여 년 동안 이어져 오고 있습니다. 미국이라는 국가도 추수감사절과 마찬가지로 평민들에 의해 즉 사회의 가장 밑바닥에 있는 사람들이 주도하여 세운 나라입니다.

2. 미국 독립의 시작

미국의 독립운동은 1775년 렉싱턴 전투에서 시작되었습니다. 당시 영국의 식민 통치에 불만을 품은 식민지의 주민들은 콩코드의 한 농장에 비밀리에 무기를 모아놓고 있었고, 이를 영국군이 압수하러 나섰습니다. 영국군은 보스턴에서 출발해 렉싱턴을 지나 콩코드에 있는 무기창고로 향했으나, 렉싱턴의 청년들이 영국군을 막아섰습니다. 이들이 영국군을 저지하는 사이 콩코드의 젊은이들은 무기를 숨기고 전투 준비를 마쳤습니다.

그 결과, 콩코드에서 영국군과 식민지 청년들 사이에 치열한 전투가 벌어졌고, 영국군은 후퇴하기 시작했습니다. 이 사건이 바로 미국 독립운동의 점화를 했습니다. 그로부터 1년 후인 1776년, 미국은 공식적으로 독립선언서를 발표하게 됩니다. 독립운동 초기에는 평민들이 주도했지만, 시간이 지나면서 지식인과 부유한 계층도 합류하게 되었습니다.

미국 독립운동의 기본정신은 '우리가 다 같은 영국 백성인데, 왜 영국에서 잠깐 왔다 가는 관리들은 일등 국민인 것처럼 행동하고 이 새로운 땅에서 계속 뿌리를 내리고 살아 보려고 하는 우리는 이등 국민 취급을 하고 차별을 하느냐'였습니다. 그래서 미국은 같은 형제라도 차별을 한다면 같이 할 수 없다는 차별에 대한 저항 정신을 바탕으로 시작된 신분이 같은 평등과 동등의 나라로 만들어진 것입니다. 미국 독립선언서에도 명시되어 있듯이 "모든 사람은 평등하게 창조되었다"는 사상이 미국의 건국 정신입니다.

3. 미국의 정치 체계와 군사적 전통

미국은 1780년대 말 조지 워싱턴을 초대 대통령으로 추대하며 나라의 체계를 잡아갔습니다. 당시 새 나라 미국의 최고 지도자는 왕이 아니기 때문에 어떻게 부를지 정하지 못해 다양한 의견이 나왔지만, 결국 '앞쪽에 앉는 사람'이란 뜻의 'President'라는 직함을 사용하기로 결정되었습니다. 이는 모든 사람이 동등하다는 미국의 정신을 반영한 것입니다. 대통령도 평민의 한 사람일 뿐이며, 단지 회의 등을 할 때 그룹을 대표하여 앞에 앉는 사람일 뿐이라는 의미를 담고 있습니다. 미국 사회는 군대 내에서도 계급 체계가 엄격하지만, 군복을 벗으면 모든 사람은 동등하다는 문화가 강하게 자리 잡고 있습니다. 이러한 평등 의식은 미국 독립운동 시기부터 이어져 내려온 정신입니다.

미국 국민은 자신의 주권과 국가의 권리가 침해당한다고 생각하면 주저하지 않고 싸우는 전통을 가지고 있습니다. 이는 미국이 강대국으로 성장한 원동력 중 하나입니다.

4. 미국의 변화: 평민의 나라에서 귀족의 나라로

미국은 처음에 평민들의 나라로 시작했지만, 시간이 지나면서 부자들이 등장하고, 귀족과 같은 계층이 생겨났습니다. 특히 19세기 산업혁명 이후 카네기나 록펠러와 같은 거부들이 출현하며 미국의 경제를 자신들이 원하는 대로 조정하고 싶어하는 계층이 생겨나며 점차 변해갔습니다. 대표적인 예로 케네디 가문을 들 수 있습니다.

케네디 가문은 부유한 가문으로, 케네디 대통령의 아버지인 조셉 케네디는 막대한 부를 축적하고 야망을 하나씩 실현해나갔습니다. 케네디 대통령이 1960년대 대선에서 닉슨과 경쟁했을 때 아버지 조셉 케네디의 개입으로 댈라스 텍사스와 시카고 일리노이스의 몇몇 선거구에서 부정 선거가 벌어졌다는 설이 있습니다. 이 사건이 미국 민주당의 첫번째 부정 선거의 시작으로 여겨지며 두번째가 2020년 바이든 대 트럼프의 선거로 여겨집니다. 1960년대부터는 조셉케네디와 같이 미국의 정치도 자기가 원하는 방향으로 조정하려는 신흥 부자 위주의 새로운 '귀족'이 생겨나기 시작한 겁니다.

5. 현대 미국: 다시 평민의 나라로

오늘날 미국은 트럼프 대통령에 의해 다시 평민의 나라로 돌아가려는 시도를 하고 있습니다. 트럼프 대통령은 정치를 중서부 농민과 일반인들이 이해할 수 있는 방식으로 쉽게 말을 하고, 그들의 목소리를 대변하려 했습니다. 그는 대기업과 워싱턴 정치인들이 장악한 귀족 사회에 도전장을 내밀었으며, 그의 이러한 노력은 많은 사람들에게 큰 지지를 받았습니다.

트럼프 대통령의 정책은 쉬운 언어적 표현으로 많은 이에게 전달되었고, 이는 평범한 미국인들의 정치 참여를 촉진시켰습니다. 그러나 이러한 움직임은 귀족적 기득권층과 언론, 그리고 정치인들의 반발을 불러일으켰습니다. 그래서 기득권층은 트럼프 대통령을 미친 사람으로 묘사하며 그의 정책을 비난했습니다. 미국은 평민들의 나라로 시작되었으나, 시간이 지나면서 귀족적 요소들이 자리 잡았습니다. 그러나 트럼프 대통령의 등장으로 다시 평민의 나라로 돌아가려는 시도가 시작되었습니다. 이는 미국 정치사에서 중요한 변화를 나타내며 앞으로도 계속해서 주목해야 할 부분입니다.

4

MS34. 미국, 어디로 가나

안녕하세요. 좌파 사상에 점령당한 미국 민주당이 전문 폭력, 선동 집단인 Antifa와 BLM 등이 국회의사당을 침범하고 점령하도록 방관, 유도하고 그때 같이 섞여 들어간 일부 트럼프 지지자들에게 죄를 뒤집어씌워서 갑자기 통행금지를 선포하고, 피신했던 의원들을 다시 의사당 안으로 데리고 들어오면서 공화당 쪽 국회의원들을 마치 의사당을 침입한 폭도들과 무슨 공범이나 되는 것처럼 취급을 해가면서 조 바이든의 부정선거 결과를 각주가 법에 따라서 이의를 제기하고 그 증거를 제출하는 과정을 무시하면서 가짜 당선자 바이든을 진짜 대통령처럼 인증을 해 버렸습니다. 그리고 나서 바로 트럼프 대통령의 SNS 계좌들을 다 삭제해 버리고 트럼프 대통령 측근들의 계정도 모두 삭제해 버렸습니다. 그리고 펜스 부통령에게 "트럼프를 끌어 내려라. 만약 안 하면 의회가 탄핵해서 끌어 내리겠다"라고 미 민주당과 낸시 펠로시 하원의장이 다그쳤습니다.

제가 이번 주 미국 수도에서 민주당이 저지른 일들을 보고 거의 한 세기 전에, 2차 대전이 일어나기 전에 그 1930년대를 보는 것 같은

그런 느낌이 들었습니다. 아주 오래된 수법이죠. 1933년에 독일의 국회의사당에 의문의 화재가 발생했습니다. 그리고 그다음 날 아침에 나치가 나치 언론이 아닌 다른 언론사들을 모조리 폐간시켜 버렸어요. 그리고 딱 하나 남은 나치 언론만 가지고 히틀러가 지극히 정상적이었던 어떤 독일 사람들의 눈과 귀를 막아서 독일 전체를 미치광이의 도가니 속으로 집어넣고 2차대전을 일으키고 유태인들을 학살하기 시작하고 이러한 일들이 생긴 겁니다.

그리고 또 그 2년 전이죠. 1931년도에는 만주에 있었던 일제의 관동군이 목단강에서 철도를 폭파해 놓고 그것을 "중국군이 했다"고 주장하며 중국을 공격해서 중일전쟁이 시작됐습니다. 이런 식으로 먼저 일을 벌여놓고 반대편이나 상대방에게 뒤집어씌워서 국민을 선동하는 방법, 아주 오래된 수법이죠. 이걸 쓴 겁니다. 지금 트럼프 대통령과 그의 팀이 당황하고 있고 아마 어떤 조치를 취하고 있는 것 같습니다만 알 길이 없습니다. 현재로서는 제가 이번 주에 미국의 수도에서 일어나는 일을 목도하면서 미국의 헌법 질서와 민주주의가 송

두리째 흔들리고 있는 거 아니냐 하는 불안감도 있습니다.

하지만 저는 240여 년 전 온 지구의 사람들이 왕정의 통치하에 있을 때 일반 백성들이 들고 일어나 만인 평등의 자유민주주의 국가를 세운 미국이 이걸로 무너진다거나 할 것이라고는 전혀 생각하지 않습니다.

이번 사건을 보면서 중국이 미국의 헌법과 연방제하의 중앙정부를 많이 연구했다는 것을 알 수 있었습니다. 미국 연방정부는 각주 정부에 대해 제한적인 권한밖에 없다는 거와 워싱턴의 특수성, 즉 수퍼 파워의 수도인 워싱턴 DC에 여러 나라와 로비 회사들이 연결돼서 각주에서 보낸 연방하원 또는 연방상원들이 워싱턴에 도착하면 자기들을 뽑아준 주의 바람과는 관계없이 국제적인 이해관계라든가 또는 미국의 연방정부가 주 정부로 보내는 예산같은데 깊숙이 관여해서 자신들의 이익을 챙기는 의원들도 있고 하는 등의 이런 것들을 그동안 미개했던 중국이 미국을 많은 연구를 했다는 것을 확실히 알았습니다. 군사적으로 세계의 유일한 수퍼 파워, 미국을 힘으로 정면 도전할 수는 없으니까 이런 방법으로 총을 쏘지 않는 또 다른 형태의 냉전을 벌이고 있는 겁니다. 미국의 사회적 약점을 타고 침투해서 뒷조정할 수 있는 파워를 구축하려는 게 이번에 드러난 거죠. 어떻게 보면 이번을 전화위복으로 삼아서 미국 국민들이 정신을 차리는 기회가 될 걸로 봅니다. 전체주의식으로 민주당이 몰아 가는데 저는 그것이 역효과를 틀림없이 가져올 것이라고 봅니다.

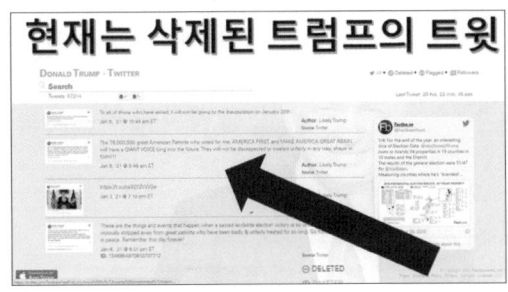

그리고 트럼프 대통령이 트윗 계정이 삭제되기 직전 1월 8일 9시 46분쯤에 보낸 트위터가 있습니다. "나를 뽑아준 7,500만 명의 위대한 미국의 애국자들은 앞으로 "GIANT VOICE"를 듣게 될 것이다." 라는 트위터를 날렸어요. 국가적으로 큰 일이 있거나 할때 미국 정부가 컨트롤하는 대중 커뮤니케이션 시스템이 "GIANT VOICE"라는 게 있습니다. 그래서 "혹시 트럼프 대통령이 뭔가 중요한 것을 의미하는 건 아닌가?" 하는 생각이 들었습니다. 음모론을 말씀드리는 게 아니고 트럼프 대통령이 그날 국회의사당에서 엉망이 돼 있기 때문에 증거도 제출하지 못하고 해서 "국민들에게 자세한 내용을 직접 발표하려는 거 아닌가? 지금 왜 이런 일이 일어나고 있고, 어떻게 할 것인가"를 제가 그 사람들의 입장에서 생각해 보니까 만약 제가 바이든이나 낸시 펠로시 입장이라면 가만히 있으면 되는 건데 어차피 자기들끼리 사기로라도 (바이든 당선) 인증을 끝냈기 때문에 열흘 남짓 있으면 트럼프는 대통령직을 떠나게 되어있는데 그걸 못 기다리고 왜 그 전에 펜스 한테 트럼프를 끌어내리라고 안 끌어내리면 탄핵하겠다고 하고 그럴까?

그것은 좌파들이 다급한 거예요. SNS계정도 삭제를 할 필요가 뭐가 있겠습니까? 무진장 다급한 거죠. 미국의 정권 이양은 1월 20일 정오에 성경에 손을 얹고 신임 대통령이 이제 선서하면서 마지막으로 "… so help me, God"하면 정권이 0.1초 사이에 전직 대통령에서 새 대통령으로 넘어가는 겁니다. 그러니까 그 직전까지는 모든 전권을 트럼프 대통령이 가지고 있는 겁니다. 트럼프 대통령의 자신이 승자라는 주장과 증거가 국민을 완전히 설득할 만한 정도라면 즉각 행정명령이나 Insurrection Act에 의한 비상사태권을 발동할 수 있는 겁니다. 척 슈머 민주당 상원의원 등 좌파 리더들이 계속 Insurrection(반란)과 Sedition(선동을 포함한 정부에 반항하는 죄) 이 두 단어를 얘기를 해요.

제가 봤을 땐 항상 좌파들은 거꾸로 얘기합니다. 범죄는 자신들이 저질러 놓고 반대 측에다 뒤집어씌우는 거죠. 그러니까 미 민주당 지도부가 Insurrection과 Sedition에 저촉될 만한 일을 했기 때문에 이걸 거꾸로 트럼프 대통령에게 뒤집어씌우려는 것이 아닌가.

트럼프 대통령은 언제든지 증거와 함께 충분조건이 갖춰지면 취임 직전까지 트럼프 대통령이 전권을 가지고 있는 현직 대통령이니까 행정 명령을 내리면서 반란 법을 발동할 수 있는 겁니다. 이게 겁이 나는 거예요. 시간이 촉박하니까 빨리 증거를 덮어야 되기 때문에 하는 소행으로 보입니다. 지금 이 트럼프 측과 민주당 측의 싸움은 남북전쟁 이후로 미국에서 일어난 가장 큰 싸움입니다. 국가가 반으로 두 동강이 나 있어요. 지금 내셔널리스트들과 글로벌리스트들의 싸움인데 남북전쟁처럼 서로 총을 쏘는 게 아니고 대신 정보와 심리 두 개를 가지고 information warfare(정보전)와 psychological warfare(심리전)을 벌이고 있는 것입니다. 그런데 양측의 장단점을 보면 민주당은 완전히 언론을 장악하고 있는 게 장점입니다. 그리고 공화당은 지금 현재 트럼프 대통령이 현직 대통령이라는 게 장점이죠. 그리고 펜스가 트럼프를 끌어 내릴 수 없습니다. 그런 일은 국무회의가 소집돼야 하고 국무회의에서 과반수가 나와야 하는데 그건 불가능하죠. 그러니까 낸시 펠로시가 탄핵하겠다고 하는 건데 탄핵이 실현될 가능성은 크지 않습니다.

그리고 많은 미국 국민들이 왜 며칠 있으면 저절로 나가는 대통령을 탄핵을 할까 이해를 못 하겠죠. 그런데 부정 선거의 증거가 쏟아져 나오면 역으로 갈 수가 있고 현직 대통령의 정권 이양 시점 1월 20일 날 오후 12시까지는 트럼프 대통령이 전권을 다 가지고 있는 겁니다. 지금 트럼프 대통령 측에서 뭐 흘러나오는 뉴스라든가 이런 게 별로 없기 때문에 아무도 그 어떤 생각을 하고 계획하고 있는지는 잘 모릅니다.

그러나 만약에 내가 트럼프 입장이라면 과연 어떤 생각을 하고 있고 어떤 일을 할 것인가를 합리적 추측을 해보면 대강 짐작할 수 있습니다. 제 생각에 최고의 시나리오는 물론 트럼프 대통령이 충분한 부정선거 증거를 모두 확보했고, 군부 내에 애국인사들도 확보해서 1~3일 내 적당한 시기에 뉴스를 터뜨리고 Insurrection Act(반란법)에 의해 행정명령을 발령해서 관련자를 체포하는 게 제일 좋겠죠.

그런데 그런 게 충분치 않다면 과연 뭘 어떻게 할 것이냐. 제 생각에 대통령직을 그냥 떠나지는 않을 것 같아요. 제가 트럼프라면 특별검사를 임명하고 어떤 조치를 취하겠죠.

트럼프 대통령이 정치에 입문하기 전에 측근 사람들한테 "내가 정치를 시작하면 진정으로 나의 편이 누구인지 적이 누군지를 식별하기 위해서 당분간, 수일간 내가 가진 모든 것을 잃을 수 있다. 그렇게 할 수 있다. 그렇게 해야만 진정으로 내 편이 누군지 아닌지를 구분할 수 있다."라는 얘기를 했다고 해요. 그래서 혹시나 하는 저의 기대는 지금 그러고 있는 것은 아닌가 하는 생각도 듭니다.

혹시라도 기대에 부응하지 못하는 결과가 나온다고 해도 트럼프 대통령이 자유민주 세계를 위해서 세운 업적은 상당히 큽니다. 틀림없는 것은 미국뿐 아니라 전 세계에 많은 나라에 공히 깨우침과 경각심을 불러일으키게 만드는 것도 트럼프 대통령의 공적입니다. 대통령이 제가 봤을때는 절대로 Trumpism(트럼프주의, 각 나라가 자국의 문화와 전통과 국익을 숭상해야 한다는 이념)은 무너지지 않습니다. 왜 그러냐면 7,500만이라는 미국 대선 역사상 가장 많은 표를 받은 대통령이에요. 바이든이 말이 안 되는 수학적으로, 통계적으로 말이 안 되는 주장을 하고 있는데 지금 공화당 유권자들의 85%가 사기 선거라는 것을 강력하게 믿고 있고 중도성향 유권자의 31%가 이것은 바이든이 부정 선거를 한 것이라고 생각하고 있고 민주당 사람들의 17%가 바이든이 부정 선거로 도둑질한 대선이라고 믿고 있습니다. 그러니까 트럼피즘이 사라질 가능성은 없습니다. 앞으로 트럼피즘은 계속되고 더 강해지면 강해지지. 너무 걱정하지 마시고 '망중한'이라고 조용한 가운데에 뭔가 바쁘게 돌아가는 것은 아닌가 하는 그런 기대를 한번 가져봅니다.

자 그러면 또 뵙겠습니다.

5

MS35. 〈워싱턴의 깊은 늪과 트럼프의 전쟁〉
시간이 촉박한 트럼프의 깊은 딜레마

2017년 1월 트럼프 대통령이 취임 선서를 하던 날, 몇몇 민주당 의원들은 취임하는 대통령을 무조건 탄핵하겠다고 공언했습니다. 그로부터 2년 후, 민주당이 하원의 다수당이 되자마자 트럼프 대통령에 대한 탄핵 절차를 진행했습니다. 미국은 양원제 국가로, 하원에서 탄핵을 결정하더라도 상원에서 이를 confirm(동의, 재확인)해야 대통령 탄핵이 완료됩니다.

당시 상원의 다수당이 공화당이었기에, 첫 번째 탄핵 시도는 상원에서 저지되어 절반 짜리 성공으로 끝났습니다. 그러나 트럼프 대통령의 임기가 며칠 남지 않은 상태에서, 민주당이 하원을 통해 또 다시 그를 탄핵했습니다.

미국 역사상 재임 중 두 번의 탄핵을 당한 최초의 대통령이 된 것입니다. 하지만 많은 법학자들은 이 탄핵이 위헌이라는 의견을 내고 있습니다. 특히 하버드 법대의 헌법학자 알란 더쇼위츠 교수는 평생 민주당 당원임에도 불구하고 트럼프 대통령의 탄핵이 위헌이라고 주장했고 그의 주장은 많은 미국인들이 동의하고 있습니다.

워싱턴 늪과 트럼프

트럼프 대통령이 직면한 문제는 단순히 민주당의 반대뿐만이 아닙니다. 그를 지지했던 주변 사람들도 여러 가지 방식으로 피해를 보았습니다. 트럼프 대통령의 선거 유세에 자원봉사로 참여했던 이들조차 수십 년 전 과거의 세무 기록까지 뒤져가며 피해를 보고 있습니다.

미국 대부분의 사람들은 근면하고 성실하며 종교적이고 가족 중심적인 삶을 살아갑니다. 하지만 워싱턴 D.C.는 일반적인 미국인들과는 매우 다른 독특한 생태계를 가지고 있습니다. 워싱턴은 세계 정치와 경제에 막대한 영향을 미치는 주요 기관들이 집중된 곳입니다. 백악관, 의회, 월드뱅크, IMF 등 중요한 기관들이 위치해 있고, 이로 인해 전 세계에 정치적·경제적 영향을 미칠 수 있는 중심지입니다.

미국의 수도인 워싱턴 D.C.는 종종 '늪'이라는 별명으로 불립니다. 이는 워싱턴의 독특한 정치적 환경을 은유적으로 표현한 말입니다. 워싱턴의 정치인들과 고위 관료들을 늪에 서식하는 생물체(swamp creatures)라고도 부릅니다.

이 워싱턴 늪에는 5가지 부류의 사람들이 있다고 합니다.

1. 절대 권력자: 현직 대통령이나 그 측근에서 절대 권력을 휘두르는 인물들입니다.

2. 타협적 권력자: 절대 권력은 아니지만 상당한 권력을 가지고 비슷한 권력을 갖은 다른 자들과 얽히고설킨 구조 안에서 서로 이용하며 의존하는 고위 권력층의 인물들입니다.

3. 개인 이익 추구자: 늪의 흐름을 잘 이해하고 그 안에서 자신의 이익을 취하는 사람들입니다. 많은 의원과 관료들이 이 부류에 속합니다.

4. 힘없는 관찰자: 늪의 속성을 잘 알지만, 권력이 없거나 한미해서 아무런 이익을 취하지 못하는 사람들입니다. 대부분 중견 관료층이 여기에 해당합니다.

5. 정직한 이들: 늪의 속성을 잘 모르거나, 알아도 자신의 의무를 충

실히 이행하는 사람들입니다.

트럼프 대통령은 이들 중 어느 부류에도 속하지 않습니다. 그는 워싱턴 정치계와 관련이 없는 뉴욕 출신의 사업가로, 70세에 대선에 나와 대통령이 되었습니다. 거의 모든 워싱턴의 정치인들은 젊은 시절부터 정계에 뛰어들어 권력을 쌓아가는 이들입니다. 반면, 트럼프는 워싱턴과 전혀 관련이 없는 outsider로, 워싱턴의 정치 생태계를 뒤흔들었습니다. 트럼프 대통령은 워싱턴의 이러한 부류의 정치인들과 얽힌 관계나 정치적인 빚이 전혀 없기 때문에, 자신의 방식대로 정책을 추진할 수 있었습니다.

잘 돌아가던 워싱턴 '늪'의 생태계는 그의 등장으로 인해 마비되었고, 전직 고위 관료들이 활동하고 있는 막강한 로비회사들이 영향을 받았습니다. 로비 회사들은 다국적 기업들과 외국 정부들이 미국 의회에 영향을 미칠 수 있도록 지원합니다. 이런 구조 속에서 트럼프 대통령의 등장은 워싱턴 늪의 정치 시스템을 뒤흔들었고, 이에 따라 본의 아니게 많은 적을 만들었습니다. 워싱턴의 정치인들은 언론과도 밀접한 관계를 맺고 있습니다. 언론은 종종 백악관이나 다른 기관에서 제공하는 정보를 바탕으로 특종을 내보내며, 이는 때로는 진실을 왜곡하는 기사로 이어지기도 합니다.

트럼프 대통령의 대항마가 된 빅테크 기업들은 그를 상대로 강경한 대응을 펼쳤습니다. 트럼프 대통령은 SNS 플랫폼들이 자신을 포함한 보수 진영을 검열하는 문제에 대해 강하게 비판했습니다. 특히, 1990년대에 소셜미디어의 개념이 투명하게 자리잡기 전에 만들어진

SNS를 통신사로 잘 못 분류하여 통신법 230조에 해당케 함으로써 SNS 기업들을 소송으로부터 보호하는 장치가 돼버린, 이 법을 폐지하려는 트럼프 대통령의 시도는 민주당과 빅테크 기업들의 강한 반발을 불러일으켰습니다.

빅테크 기업들은 이 법을 이용해 소송을 피하고, 자신들의 영향력을 확대해 왔습니다. 트럼프 대통령은 워싱턴의 권력 구조에 도전하면서 많은 적을 만들었습니다. 하지만 그가 임기 동안 쌓아온 업적과 영향력은 부정할 수 없습니다. 그는 미국 역사상 전례 없는 7,500만 표를 얻었고, 이는 그의 정치적 지지를 입증하는 결과입니다.

그러나 사기 선거 논란과 더불어, 민주당과 언론, 빅테크가 협력해 트럼프 대통령을 저지하려는 움직임이 계속되고 있습니다. 많은 사람들이 트럼프 대통령이 어떤 결정을 내릴지 주목하고 있습니다. 트럼프 대통령이 직면한 딜레마는 핵전쟁 논리와도 유사합니다.

상호 확실한 파괴(Mutually Assured Destruction)라는 개념처럼, 트럼프가 강경한 조치를 취할 경우, 미국 사회 전체가 큰 혼란에 빠질 수 있다는 점을 고민할 수밖에 없습니다. 이런 상황에서 트럼프 대통령이 어떤 결정을 내릴지에 대한 기대와 우려가 공존하고 있습니다.

트럼프 대통령의 임기가 며칠 남지 않았지만, 그의 정치적 영향력은 여전히 막강합니다. 그는 전 세계 자유민주주의를 지지하는 이들에게 중요한 교훈을 남겼습니다. 자유민주주의는 저절로 지켜지는 것이 아니라, 적극적으로 수호하고 강화해야만 유지될 수 있다는 점입니다. 트럼프 대통령이 남긴 유산은 단지 미국 내의 정치적 변화뿐만 아니라, 전 세계에 걸친 자유민주주의 수호의 중요성을 일깨운 것입니다. 앞으로 자유민주주의를 지지하는 이들이 더욱 결집하고, 이를 지키기 위한 노력이 강화될 것으로 기대됩니다. 트럼프 대통령의 결정이 어떤 것이든, 그의 임기 동안의 노력은 많은 이들에게 큰 교훈을 남겼습니다.

6

MS36. 냉전 이후 최고의 외교전략가 트럼프 대통령

소위 전문가 집단의 반대를 무릅쓴 외교로 세계를 더 안전한 곳으로
만든 그의 뛰어난 외교적 업적들을 돌아본다.

오늘은 냉전 종식 이후 미국이 낳은 최고의 외교 정책가이자 전략가로 평가받는 도널드 트럼프 대통령의 외교적 업적에 관해 이야기해 보고자 합니다.

트럼프 대통령은 소위 '전문가'라는 사람들이 도저히 불가능하다고 여겼던 일을 몇 년 만에 성취하며 국제 정세에 큰 변화를 불러온 인물입니다. 특히 미국 국무부와 국제 정치 전문가들이 반대하던 정책들을 과감히 실행하며, 트럼프 대통령은 세계를 보다 안전한 곳으로 만들었습니다.

국무부와 외교 전문가들

미국 대통령에게 외교 정책을 분석하고 제안하는 곳은 바로 국무부(State Department)입니다. 이곳에는 수많은 외교 및 국제 정치 전문가들이 모여 있으며, 이들 중 핵심 인력은 약 2만 5천 명에 달하는 관료 집단입니다. 이 관료 집단은 크게 외교 공무원 그룹인 포린 서비스(Foreign Service)와 행정 공무원 그룹인 시빌 서비스(Civil Service)로 나뉩니다.

이들은 대개 국무부에 속하거나 해외에 파견되어 외교 활동을 수행하며, 대통령에게 다양한 외교 정책을 권고합니다. 역대 미국 대통령들은 대개 국무부의 권고를 많이 수용해 왔지만, 로널드 레이건 대통령과 트럼프 대통령은 예외적인 인물들입니다.

이 두 공화당 대통령은 국무부의 조언을 일부 수용하면서도 중요한 외교 정책 결정은 자신의 판단에 따라 이행했습니다. 트럼프 대통령은 특히 국무부의 전통적인 권고를 무시하고 과감한 외교 정책을 펼쳤습니다.

사우디아라비아 방문: 새로운 외교의 시작

미국 대통령들은 통상적으로 첫 번째 해외 방문지로 캐나다 또는 영국을 선택하는 전통이 있었습니다. 그러나 트럼프 대통령은 이를 깨고, 취임 후 첫 번째로 사우디아라비아를 방문했습니다. 사우디의 왕은 비행기에서 내리는 트럼프 대통령을 맞이하며 극진한 환대를 베풀었고, 이는 당시 국제 사회에 큰 화제를 일으켰습니다.

트럼프 대통령은 사우디 방문 중 사우디아라비아의 왕과 정상 회담을 가졌으며, 이후 걸프협력회의(GCC)와 이슬람 국가 55개국의 정상 회의를 주재했습니다. 이는 중동 평화에 대한 전환점을 마련하는 중요한 계기가 되었으며, 이후 여러 중동 국가들이 이스라엘과 평화 협정을 체결하는 데 기여했습니다.

중동 평화 협정: 반세기의 난제를 해결하다

트럼프 대통령은 중동 평화를 위한 전략을 추진하며, 2020년 8월부터 이스라엘과 아랍에미리트(UAE), 바레인 등이 평화 협정을 맺게 했습니다. 이는 반세기 넘게 지속된 중동 문제를 해결하는 기적과도 같은 외교적 성과였습니다.

특히 트럼프 대통령은 미국의 국내 오일 생산을 극대화해서 세계 최대의 오일 생산국으로 거듭나면서 더 이상 중동 국가들에게 의존

할 필요가 없음을 보여주었습니다. 이란의 고위 군사 지도자였던 솔레이마니 사살도 트럼프 대통령의 과감한 결정이었습니다.

미국 내 외교 전문가들은 전쟁이 일어날 것이라며 반대했으나, 트럼프 대통령은 전쟁이 일어나지 않을 것이라 확신하며 솔레이마니를 제거했습니다. 결국 전쟁은 일어나지 않았고, 이는 트럼프 대통령의 강력한 외교 전략이 주효했음을 보여줬습니다.

이스라엘 대사관 이전: 역사적인 결단

또 하나의 중요한 업적은 주이스라엘 미국 대사관을 텔아비브에서 예루살렘으로 이전한 것입니다. 이 결정은 오랜 기간 국제 정치 전문가들이 반대해온 문제였지만, 트럼프 대통령은 과감히 실행에 옮겼습니다. 국제 사회의 반발이 예상되었지만, 실제로는 큰 갈등 없이 진행되었습니다. 이는 트럼프 대통령이 기존의 외교 관례를 넘어서는 결정을 내려 성공한 대표적인 사례입니다.

IS 소탕 작전: 현장 지휘관에게 권한을 주다

트럼프 대통령은 국제 테러리스트 단체인 IS를 무력화하는 데에도 큰 공을 세웠습니다. 그는 미국 군 지휘관들에게 현장 상황에 따라 즉각적으로 대응 결정을 할 수 있는 권한을 부여했으며, 이는 IS를 효과적으로 소탕하는 데 중요한 역할을 했습니다. 오바마 정권 당시 워싱턴의 결정을 기다려야 했던 군지휘관들이 많은 예산을 투입했음에도 불구하고 해결되지 않았던 IS 문제를 트럼프 대통령은 예산 증액 없이 단기간에 해결했습니다.

NATO 분담금 조정: 공평한 부담

트럼프 대통령은 NATO(북대서양조약기구) 동맹국들에게 유럽의 공평한 방위비 부담을 요구했습니다. 미국이 NATO 분담금의 대부분을 부담하는 상황에서, 유럽 국가들이 충분한 국방비를 지출하지 않는 문제를 지적하며 각국이 GDP의 2% 이상을 국방비로 지출할 것을 요구했습니다. 그 결과, 여러 국가들이 국방비를 대폭 증액했으며, 미국의 부담도 줄어들었습니다.

북핵 문제: 김정은과의 직접 소통

북한 김정은과의 만남도 트럼프 대통령의 주요 외교 업적 중 하나입니다. 트럼프 대통령은 김정은과 세 차례나 만남을 가졌으며, 이를 통해 북한이 미국과 직접 소통할 수 있는 채널을 열어주었습니다. 4자회담 5자회담은 미국의 대북 영향력을 분산하고 감소시키기만 합니다. 미·북 직접대화는 한·중·러의 영향력을 약화시키고 미국의 영향력을 극대화 외교적 묘수입니다. 김정은과의 회담을 통해 북한의 도발을 억제하고, 미국의 대북 정책을 유지하면서도 북한의 기대를 낮추는 성과를 이뤄냈습니다.

인도-태평양 전략: 중국 견제

트럼프 대통령은 태평양사령부를 인도태평양 사령부로 확대하며,

인도, 호주, 일본, 대만을 포함한 방위선을 구축했습니다. 이를 통해 중국을 효과적으로 견제할 수 있는 체제를 마련했으며, 미국이 직접 군사력을 사용하지 않고도 아시아 지역에서의 영향력을 유지할 수 있도록 했습니다. 트럼프 대통령은 냉전 이후 미국이 낳은 최고의 외교 전략가로 평가받을 만한 인물입니다. 그는 전통적인 외교 관례와 '전문가'들의 예상을 뒤엎고, 국제 사회에서 미국의 영향력을 극대화하는데 성공했습니다.

그의 외교 정책은 단순한 전술적 접근이 아니라, 장기적인 전략과 실질적인 성과를 바탕으로 한 것이었습니다. 이러한 업적에도 불구하고, 미국 내 주류 언론과 일부 전문가들은 트럼프 대통령의 외교 정책을 과소평가하고 비판했습니다. 그러나 그의 실질적인 외교적 성과는 시간이 지남에 따라 더욱 높이 평가될 것입니다.

7

MS42. 〈미국을 알자 5〉
50개의 다른 나라가 존재하는 국가

- 국민 모두 국적이 두 개인 나라. 플로리다, 아이다호, 노스다코타, 텍사스 빅테크 제재 시작

미국의 여러 주가 막강한 영향력을 발휘하고 있는 빅테크(Big Tech) 기업들에 대한 제재를 본격적으로 시작하는 움직임을 보이고 있습니다. 오늘은 미국이라는 나라가 사실상 50개의 다른 나라로 구성된 연방국가라는 점과 빅테크 기업에 대한 각 주들의 제재 움직임에 대해 이야기해 보고자 합니다.

우선 첫 번째로, 미국이 연방제로 구성된 국가로서, 50개의 주가 각기 독립적인 나라와 같다는 점을 이해할 필요가 있습니다. 미국 국민들은 사실상 두 개의 국적을 가지고 있는 것과 같다고 볼 수 있습니다. 하나는 자신이 거주하는 주의 국적이며, 다른 하나는 50개의 주를 합친 미연방 정부의 국적입니다. 미국이 처음 독립할 때, 13개의 식민지주가 각각 독립국처럼 각 주의 법과 주권을 유지하면서도, 외교와 국방에 있어서는 힘을 합치기로 결정했습니다.

이렇게 해서 미국이라는 나라가 연방국가로 형성되었습니다. 이후에도 여러 주들이 차례대로 연방에 가입하여, 현재는 50개의 주가 모여 미국이라는 연방국가를 이루고 있습니다. 이 중 마지막으로 편입된 주는 알래스카와 하와이로, 1950년대에 정식으로 미국의 주로 편입되었습니다. 이래서 미국 국민들은 법적으로도 두 가지 국적을 가지고 있다고 볼 수 있습니다.

한 주의 주민으로서 해당 주의 법을 따르며, 동시에 미국 연방정부의 시민으로서 연방법도 따릅니다. 특히 생활에 직접적인 영향을 미치는 법들은 대부분 주법에 의해 결정됩니다. 결혼, 의료, 교육, 부동산 거래, 비즈니스, 낙태, 동성혼 등 다양한 문제들은 각 주의 법에 따라 다르게 적용되며, 연방법은 이러한 문제들을 규제할 권한이 없습니다. 예를 들어, 어떤 주에서는 16세에 결혼할 수 있는 반면, 다른 주에서는 18세 이상이어야 합니다.

또 어떤 주는 동성혼을 허용하지만, 허용하지 않는 주도 있습니다. 이렇게 미국 국민들은 각 주의 주법에 따라 다양한 법적 조건하에 살아갑니다. 연방정부는 국방과 외교 등 몇 가지 권한만 위임받았을 뿐, 주의 일상적인 법적 문제에 대해서는 개입하지 않습니다. 이러한 체제는 미국의 각 주가 독립적인 국가처럼 운영된다는 것을 보여줍니다. 국민들은 연방정부에도 소득세를 신고하지만, 동시에 자신이 거주하는 주정부에도 소득세를 신고해야 합니다. 또 어떤 주는 소득세가 없는 주도 있습니다. 이러한 이유로 미국은 50개의 독립적인 나라가 존재하는 국가라고 볼 수 있으며, 미국 국민들은 두 개의 국적을 가진 것이나 다름없습니다. 미국 주마다 법률이 다르다는 사실은 생활에 큰 영향을 미칩니다.

예를 들어, 텍사스 주의 경우, 혼인신고 없이도 일정 기간 동거한 남녀를 법적으로 부부로 인정하는 법이 있습니다. 그러나 다른 주에서는 혼인신고를 하지 않으면 법적으로 부부로 인정받지 못합니다. 텍사스 주법에 따르면, 동거 중인 남녀가 결혼할 의도가 있었다는 것과, 다른 사람들에게 자신들을 부부처럼 소개했다는 것, 그리고 부부처럼 경제생활을 했다는 조건만 충족하면 법적으로 부부로 인정받을 수 있습니다.

또한 텍사스와 아칸소의 경계에 위치한 텍사카나(Texarkana)라는 도시는 이 두 주의 법이 직접적으로 충돌하는 흥미로운 사례입니다. 텍사스 주에서는 마리화나 소지가 불법이지만 아칸소 주에서는 합법입니다. 그래서 텍사카나에서는 도로 하나를 건너기만 해도 마리화나 소지가 불법이 될 수 있습니다.

이처럼 미국에서는 주마다 법이 달라 국민들이 생활에서 경험하는 법적 상황도 크게 다르고 미국을 이해하기 위해서는 각 주가 독립적인 법적 체계를 가지고 있는 사실상 50개의 다른 나라로 구성된 연방제 국가라는 점을 고려해야 합니다.

이제 빅테크 기업들에 대한 주들의 대응에 대해 살펴보겠습니다. 빅테크 기업들은 막대한 영향력을 바탕으로 온라인 플랫폼을 장악하고 있으며, 최근에는 보수적 목소리나 특정 정치인에 대한 계정 차단 등 논란이 되는 행동을 자주 취해왔습니다.

그러나 연방정부는 이들 기업에 대한 직접적인 제재를 가하기 어려운 상황입니다. 이는 통신법 제230조(section 230)에 의해, 빅테크 기업들이 플랫폼 제공자로서 법적 책임을 면제받고 있기 때문입니다. 연방정부가 이러한 제재를 가하기 어렵다면, 주정부가 나서서 제재를 가할 수 있습니다.

미국의 각 주는 독립적인 권한을 가지고 있기 때문에, 빅테크 기업들이 주법을 위반할 경우, 해당 주에서는 제재를 가할 수 있습니다. 예를 들어, 플로리다 주는 빅테크 기업들이 보수적 목소리를 검열하는 행위에 대해 강력한 제재를 가할 법안을 통과시켰습니다. 주지사인 론 디샌티스(Ron DeSantis)는 빅테크 기업들이 특정 후보를 차별하거나 특정한 정치적 목소리를 억압할 경우, 매일 10만 달러의 벌금을 부과하는 법안을 제안했습니다. 아이다호 주에서는 인터넷 서비스 제공업체가 직접 나서서 트위터와 페이스북에 대한 서비스를 차단하기도 했습니다. 이로 인해 아이다호 북부 지역에서는 트위터와 페이스북을 이용할 수 없게 되었습니다. 노스다코타 주도 빅테크 기업들이 시민들의 의견을 검열하는 행위를 금지하는 법안을 추진 중입니다.

이 법안은 빅테크 기업들이 검열을 통해 차별적인 행위를 할 경우, 법적 제재를 가하도록 하고 있습니다. 또한 텍사스 주는 구글을 상대로 새로운 반독점 소송을 제기했으며, 텍사스주 법무장관은 구글의 내부 규정을 감사하겠다고 발표했습니다. 이를 통해 구글이 특정 정치적 목소리를 억압하는지 여부를 조사할 계획입니다. 이처럼 여러 주들이 빅테크 기업들의 독단적인 행동에 대해 제재를 가하기 시작했습니다. 이러한 움직임은 앞으로 미국 내에서 빅테크 기업들이 어떻게 운영될지에 중요한 영향을 미칠 것입니다.

미국은 50개의 다른 나라가 모여서 구성된 연방제 국가로서 국민들은 자신이 속한 주의 법을 따르며, 동시에 연방법을 따릅니다. 이러한 독립적인 법적 체계는 미국을 이해하는 데 중요한 요소이고 빅테크 기업들이 연방법의 보호 아래 막대한 영향력을 행사하지만 각 주들이 이들에 대한 제재를 가하기 시작했다는 점은 앞으로의 미국 정치와 경제에 큰 영향을 미칠 것입니다.

8

MS48. 〈미국을 알자 9〉
주류 언론의 편향과 왜곡

– 워싱턴 포스트 오보 두 달 후 철회, 추측 보도 미리 써놔.

워싱턴 포스트가 1월에 보도한 트럼프 대통령 선거 관련 기사 중 사실과 다른 내용이 포함되어 있었다는 것을 인정하며 기사를 철회한 사건은 이번 주 내내 미국 언론계에서 큰 이슈가 되었습니다.

이는 오늘날 미국 주류 언론의 심각한 편향성과 왜곡을 보여주는 중요한 사례로, 우리가 언론의 기사를 접할 때 얼마나 신중하게 진위를 가려내야 하는지 경각심을 일깨워줍니다. 이 사건의 배경을 이해하기 위해, 워싱턴 포스트의 오보 내용을 먼저 살펴보겠습니다.

1월에 워싱턴 포스트는 트럼프 대통령이 조지아 주 선거 조사관에게 압력을 넣었다는 기사를 보도했습니다. 해당 기사는 트럼프가 조지아주 선거 조사관에게 "사기를 찾아내라(find the fraud)"며 압박을 가했다는 내용이었습니다. 그러나 두 달 후 3월 11일, 워싱턴 포스트는 이 보도가 사실과 다르다는 것을 인정하고, 해당 기사를 철회했습니다. 트럼프가 선거 조사관에게 사기를 찾으라고 지시하거나, 이를 찾아내면 국가적 영웅이 될 것이라고 말한 적이 없다는 내용으로 기사를 수정했습니다.

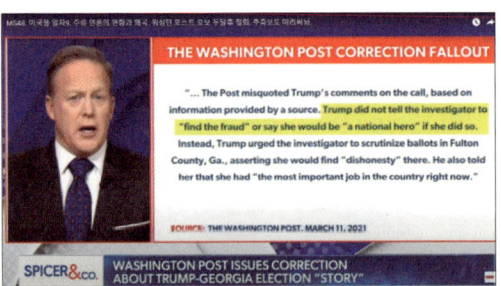

이 사건은 트럼프가 조지아 주 선거 조사관과의 통화 내용을 직접 녹음한 것이 공개되면서 일어났습니다. 녹취록이 공개되자, 워싱턴 포스트는 자신들의 보도가 잘못되었음을 더 이상 부정할 수 없었고, 수정을 하기에 이르렀습니다.

그러나 수정 보도 역시 자신들의 잘못을 완전히 인정한 것은 아니었으며, 정보를 제공한 소스의 오류 때문이라는 식으로 책임을 남에게 전가하는 태도를 보였습니다. 이 사건을 통해 우리는 주류 언론이 얼마나 쉽게 잘못된 보도를 할 수 있는지, 그리고 그로 인한 피해가 얼마나 큰지 다시 한번 확인할 수 있었습니다.

이와 같은 언론의 오보는 단순한 실수라기보다는 의도적으로 왜곡된 보도라는 의심을 불러일으킵니다. 대표적인 예로, Sharyl Attkisson이라는 미국의 유명한 언론인이 있습니다. 그녀는 40여 년간 investigative journalist로 활동해 왔으며, 최근 몇 년간 미국 언론이 트럼프와 관련하여 얼마나 많은 의도적 오보를 내왔는지 심층적으로 조사해 책을 출간했습니다. 그 책이 바로 Slanted입니다.

Attkisson 조사에 따르면, 미국 주류 언론은 트럼프 대통령과 관련된 가짜 뉴스들을 지속적으로 생산해 왔습니다. 한 가지 사례로 Politico지의 2020년 4월 15일자 기사가 있습니다. 해당 기사는 트럼프가 중국 은행에 수천만 달러의 빚을 지고 있으며, 그 채무가 곧 만기될 것이라는 내용이었습니다. 그러나 이 기사는 전혀 사실이 아니었습니다. 트럼프는 2012년 건축 융자 과정에서 중국은행과 일시적으로 거래한 적이 있을 뿐, 당시에는 어떠한 채무도 지고 있지 않았습니다.

나중에 이 기사가 문제가 되자 Politico는 사실을 바로잡는 대신, 기사를 약간 수정하는 데 그쳤습니다. 처음 기사는 "Trump owes"라고 현재형으로 쓰였으나, 수정된 기사에서는 "Trump owed"라고 과거형으로 바꾸고 그냥 얼버무리고 넘어갔습니다.

또 다른 사례로는 Newsweek가 2019년 추수감사절에 보도한 기사가 있습니다. 이 기사는 트럼프 대통령이 추수감사절을 트윗질이나 골프 치면서 보냈다고 보도했습니다. 그러나 사실 트럼프 대통령은 당시 아프가니스탄을 방문해 군인들과 함께하는 시간을 보내고 있었습니다. 하지만 Newsweek는 사실이 알려진 다음에도 이를 정정하는 대신, 기사의 마지막에 군인들을 방문했다는 내용을 덧붙이는 식으로 애매하게 수정했습니다.

NBC는 2018년 크리스마스 당시 트럼프 대통령이 16년 만에 처음으로 크리스마스에 군 장병을 위문하지 않은 대통령이라는 기사를 냈습니다. 하지만, 이 역시 사실이 아니었습니다. 트럼프 대통령은 12월 25일 백악관을 떠나 이라크에 있는 미군 부대를 방문했고, 그곳에서 군인들과 시간을 보냈습니다. NBC는 이 사실이 밝혀지자, 오보를 인정하기는커녕 트럼프 대통령의 비행기가 자정 이후에 이라크에 도착했기 때문에 크리스마스 기간에 방문하지 않은 것이라고 궤변을 늘어놓았습니다.

이러한 사례들은 미국의 주류 언론이 얼마나 편향적이고, 사실을 왜곡하는지 잘 보여줍니다. 진실을 알리기보다는 특정 정치적 목적을 위해 뉴스를 조작하는 이러한 행태는 언론의 신뢰를 심각하게 훼손하고 있습니다. 미국의 주류 언론은 이제 더 이상 중립적이고 객관적인 보도를 하지 않는다는 비판을 피할 수 없습니다.

이러한 언론의 편향성과 왜곡은 단순한 실수를 넘어선 의도적인 조작에 가까운 경우가 많습니다. 독자들은 언론을 접할 때 단순히 기사를 받아들이기보다는, 그 진위 여부를 꼼꼼히 따져볼 필요가 있습니다.

9

MS60. 트럼프 돌아오다.
내부의 적을 제거하며 조용히 투표법 개정을
성공시키고 있는 트럼프

트럼프 대통령이 드디어 다시 움직이기 시작했습니다. 이전보다도 강력해진 지도력으로 공화당을 장악하며 2022년 중간선거와 2024년 대선을 차근차근 준비해 나가고 있습니다. 최근 에포크 타임스에 "The Return of Donald J. Trump"라는 기사가 실렸는데, 이 기사의 소제목은 'Right now, Donald J. Trump's opponents can't quite believe what they're seeing'으로, '트럼프 반대자들은 현재 자신들의 눈앞에 벌어지는 일들을 믿을 수 없어 하고 있다'는 내용을 담고 있습니다. 오늘은 이 기사를 바탕으로 트럼프 대통령이 어떻게 2022년 중간선거와 2024년 대선을 준비하고 있는지 분석해 보겠습니다.

트럼프 대통령의 전략은 크게 두 가지로 나눌 수 있습니다. 첫 번째는 공화당을 완전히 장악하는 것이고, 두 번째는 미국의 선거제도를 개선하는 것입니다.

1단계: 공화당 장악

트럼프 대통령은 최근 CPAC(Conservative Political Action Conference)에서 공화당을 완전히 장악하겠다는 의지를 분명히 했습니다. CPAC 이전에 그는 공화당에 자신의 이름을 팔아 모금 운동을 하지 말라고 경고했고, CPAC에서는 자신은 신당을 창당할 계획이 없으며, 2022년 중간선거에서 공화당의 승리를 위해 총력을 다하겠다고 선언했습니다. 이는 공화당을 완전히 장악하겠다는 의지를 내외에 천명한 것입니다. 트럼프 대통령은 Save America PAC을 통해 공화당의 모금 활동을 장악하고 있습니다. 그는 이 단체를 통해 모금된 자금을 자신이 지지하는 후보들에게 집중적으로 지원하며, 공화당 내에서의 영향력을 더욱 강화하고 있습니다. 2021년 1분기 동안 트럼프 대통령은 8,500만 달러를 모금했으며, 이는 공화당 전체 모금액의 거의 두 배에 달합니다.

이러한 자금력으로 트럼프 대통령은 공화당을 장악하고 있으며, 공화당 내에서 그의 영향력은 점점 더 강해지고 있습니다. 특히, 트럼프 대통령은 공화당 내 반대파를 제거하는 데 성공하고 있습니다. 대표적으로 리즈 체니(Liz Cheney)를 공화당 서열 3위 자리에서 축출한 것은 그의 당내 장악력을 보여주는 대표적인 사례입니다. 리즈 체니는 공화당 내 전통적 부시 대통령파 인물이었지만, 트럼프 대통령의 탄핵에 찬성한 후 공화당 내에서의 지지를 잃었습니다. 트럼프 대통령은 자금력을 통해 그녀를 제거하고, 자신의 지지자를 그 자리에 앉혔습니다.

2단계: 선거제도 개선

트럼프 대통령의 두 번째 전략은 미국의 선거제도를 개선하는 것입니다. 미국은 연방 국가로서, 각 주가 독립적으로 선거를 실시합니다. 트럼프 대통령은 각 주에서 투표법 개정을 추진하고 있으며, 특히 공화당이 장악한 주에서는 이러한 개정안이 빠르게 진행되고 있습니다. 브레넌 센터(Brennan Center)의 보고서에 따르면, 2021년 현재 48개 주에서 389개의 투표법 개정안이 상정되었으며, 14개 주에서는 이미 22개의 개정안이 법으로 통과되었습니다. 이 개정안들은 투표의 투명성과 신뢰성을 높이기 위한 것으로, 신분증 지참 의무화, 우편투표 제한 등의 내용을 포함하고 있습니다. 이러한 개정안들은 트럼프 대통령의 주도 아래 진행되고 있으며, 2022년 중간선거에서 공화당의 승리를 위한 중요한 발판이 될 것입니다.

트럼프 대통령은 현직 대통령으로 있을 때보다 백악관을 떠난 이후에 더 막강한 영향력을 발휘하고 있습니다. 그는 공화당 내에서 영향력을 확대하며, 투표법 개정을 통해 미국의 선거제도를 개선하고 있습니다. 이러한 전략이 성공한다면, 2022년 중간선거에서 공화당이 하원을 되찾는 것은 물론, 2024년 대선에서도 트럼프 대통령이 재선에 성공할 가능성이 높아질 것입니다.

트럼프 대통령은 이제 공화당과 미국 정치에서 더욱 강력한 영향력을 행사할 준비를 마쳤습니다. 그의 리더십은 앞으로 미국 정치의 중요한 변화를 이끌어갈 것입니다.

10

MS90. 페이스북, 팩트-체크는 가짜라고 시인하다

드디어 페이스북이 법정에서 팩트체크가 단지 의견에 불과하다고 시인했습니다. 이는 페이스북이 그동안 주장해 오던 팩트체크가 사실은 좌파의 이념을 확대하기 위한 전술로 사용된 것이며, 객관적 사실이 아니라 자사의 의견일 뿐이라는 것을 인정한 것입니다. 법정에서 선서를 한 상태에서 페이스북은 팩트체크의 실체를 고백하게 되었습니다. 관련 보도에서는 "Facebook admits the truth: 'Fact checks' are really just (lefty) opinion"이라는 제목으로 페이스북의 팩트체크가 좌파의 의견에 불과하다는 사실을 전하고 있습니다. 또 다른 보도에서는 "Report: Facebook admits in court filings its fact checks are merely opinion - and now everything is in"이라는 제목으로, 페이스북이 법원 문서에서 팩트체크가 단지 의견에 불과하다고 시인한 사실을 전하며, 이제 모든 의심스러운 것들이 밝혀지게 되었다는 내용을 담고 있습니다.

이 사건을 폭로한 기자는 잔 스토셀(John Stossel)이라는 사람으로, 그는 ABC 방송에서 오래 근무한 경력을 가진 인베스티게이티브

저널리스트입니다. 인베스티게이티브 저널리즘은 범죄 수사관이 사건을 수사하듯이 깊이 있는 분석과 증거를 바탕으로 하는 보도 형태를 의미합니다. 잔 스토셀은 두 개의 환경 문제 관련 비디오를 통해 산림 관리와 관련된 기술을 심층 분석하여 보도했습니다. 이 비디오들은 지구온난화 등 환경 문제에 대한 좌파의 주장을 반박하거나 반대하지도 않았습니다. 그런데도 페이스북은 이 비디오를 페이크 뉴스로 분류했습니다. 그 이유는 페이스북이 좌파의 이념을 강화하는 도구로 환경 문제를 이용하는데, 환경에 관한 주제를 좌파가 아닌 잔 스토셀이 다루었다는 이유 하나 때문입니다. 페이스북은 잔 스토셀의 환경 관련 비디오가 좌파가 주장하는 관점에 부합하지 않았기 때문에 이를 가짜뉴스로 분류한 것입니다. 이러한 상황에 분개한 잔 스토셀은 명예훼손 소송을 제기했습니다. 페이스북은 소송에 대응하기 위해 팩트체크가 실제로는 팩트가 아니며, 단지 의견일 뿐이라고 변호했습니다. 이는 페이스북이 자사의 팩트체크가 진실이 아닌 의견에 불과하다는 것을 인정한 것입니다.

팩트체크라는 개념은 언제부터 시작되었을까요? 이는 200년 전 프랑스에서 유래되었습니다. 프랑스 혁명 이후 왕권과 신권이 약해지고, 사회가 안정되면서 프랑스의 지식인들과 정치인들은 팩트를 기반으로 사회를 이끌어 가기 시작했습니다. 이러한 팩트주의는 시간이 지나며 과학과 통계를 바탕으로 하는 모더니즘으로 발전했습니다. 모더니즘은 과학과 전문가 집단을 이용하여 국민을 이끄는 정치 형태로 자리 잡았습니다. 그러나 시간이 지나면서 모더니즘도 부패하기 시작했습니다. 과거 왕권과 신권이 약해진 자리를 대신하여 오늘날의 정치인, 학자, 언론 등이 새로운 지배 계급으로 등장한 것입니다. 이들은 과학적 근거와 전문가의 의견을 내세워 국민을 이끌어 갔으며, 이를 통해 권력을 유지했습니다.

   그러나 이러한 모더니즘도 이제 붕괴의 조짐을 보이고 있습니다. 페이스북이 법정에서 팩트체크가 진정한 팩트가 아니라 단지 의견일 뿐이라고 인정한 것은 모더니즘의 쇠퇴를 상징하는 사건입니다. 이제 많은 미국 국민들이 더 이상 팩트체크를 신뢰하지 않고, 그들의 의견에 동의하지 않는 움직임이 늘어나고 있습니다. 이는 200년간 이어져 온 대중 선동의 모더니즘의 종말을 의미할 수 있으며, 새로운 변화를 예고하고 있습니다. 이러한 현상을 보며, 우리는 희망을 가질 수 있습니다. 모더니즘의 붕괴와 함께 새로운 시대가 열리고 있음을 인식하고, 변화의 흐름에 주목해야 할 것입니다.

11

MS92. 2022년, 미 민주당 쇠락의 원년 될 가능성 커

2022년은 공화당이 의회를 재탈환하며 상승세로 접어드는 해가 될 것으로 예상됩니다. 반면, 민주당에는 단순한 중간선거 패배를 넘어, 영구적으로 미국의 소수 정당으로 전락할 가능성이 큰 원년이 될 수 있습니다. 저의 동영상을 꾸준히 시청해오신 분들은 알겠지만, 작년 여름부터 민주당의 붕괴와 추락에 대해 여러 차례 다루었습니다. 예를 들어, 7월과 8월에 "추락하는 민주당"이나 "스스로를 파괴하는 좌파와 민주당" 등의 주제를 다뤘습니다. 그리고 이제 미국의 주류 언론들도 좌우를 막론하고 2022년 중간선거에서 민주당의 패배를 기정사실화하며, 나아가 민주당이 영구적으로 소수 정당으로 전락할 가능성이 있다는 보도를 하고 있습니다.

  이 기사에서 "Democrats are already in danger of losing the 2022 election – Here's why" 라는 제목을 볼 수 있습니다. 이는 민주당이 이미 2022년 선거에서 패배할 위험에 처해 있으며, 그럴 만한 이유를 상세히 보도한다는 내용입니다.

  또 다른 슬라이드에서는 FOX NEWS의 터커 칼슨이 "This Is

The End Of The Democratic Party"라는 제목으로 민주당의 종말을 예견하고 있습니다. 미국 정치에서 대선과 대선 사이에 치러지는 중간선거는 전통적으로 야당에게 유리한 결과가 나오는 경우가 많습니다. 그러나 지난해 민주당과 바이든이 보여준 실정들을 고려할 때, 이번 중간선거는 단순한 야당의 우위가 아니라, 민주당의 완전한 붕괴를 예고하는 결과가 될 것으로 전문가들은 보고 있습니다.

바이든의 지지율은 모든 것을 끌어내리며 급기야 32%까지 떨어졌고, 12월에는 22%로 하락했습니다. 이는 미국 역사상 임기 첫해에 나타난 가장 낮은 지지율 중 하나로, 전례 없는 바닥을 기록했습니다. 민주당의 이러한 현상은 미국 정치의 패러다임이 완전히 바뀌고 있음을 시사합니다. 미국의 정치는 전통적으로 민주당 대 공화당의 대립 구도였으나, 이제는 일반 국민 대 엘리트층의 대결로 변모하고 있습니다. 이는 단순한 보수 대 리버럴, 좌파 대 우파의 대결이 아니라, 보통 사람 대 지배 엘리트층의 대결로 나타나고 있습니다. 트럼프 대통령이 2016년 "Make America Great Again", "America First"

라는 구호를 내세우며 힐러리 클린턴을 큰 표 차이로 이긴 이후, 미국 정치에는 새로운 바람이 불기 시작했습니다.

트럼프 대통령이 백악관을 떠났음에도 불구하고, 바이든 행정부의 실정이 계속되면서 민주당은 큰 위기에 처하게 되었습니다. 이러한 민주당의 쇠락은 라티노 유권자들의 변심에서 가장 두드러지게 나타납니다. 라티노들은 전통적으로 민주당을 지지해 왔으나, 최근 조사에 따르면 민주당과 바이든에 대한 라티노의 지지율은 33%로 급락했습니다. 이와 같은 변화는 민주당이 더 이상 미국의 다수 정당으로서의 입지를 유지하기 어려운 상황에 직면했음을 보여줍니다. 또한, 10년마다 실시되는 인구조사에 따라 선거구가 재조정됩니다. 캘리포니아와 뉴욕에서 사회주의적 정책이 강화되면서, 많은 사람들이 텍사스와 플로리다 등 공화당 주로 이동하고 있습니다. 이러한 인구 이동은 민주당의 지지 기반을 약화시키고 있습니다. 민주당 내에서도 상황의 심각성을 인식한 정치인들이 은퇴를 선언하고 있습니다. 지난해 여름까지만 해도 10명 정도의 랭킹 멤버가 불출마 선언을 했으나, 지난주에는 그 숫자가 30명으로 늘어났습니다. 이 숫자는 2022년 중간선거가 가까워질수록 더욱 증가할 것으로 예상됩니다.

2022년은 민주당의 몰락이 본격적으로 시작되는 해가 될 가능성이 큽니다. 공화당이 다시 상승세를 타며, 민주당은 장기적으로 소수 정당으로 전락할 위기에 처해 있습니다. 이번 해가 이러한 민주당의 쇠락을 여실히 보여줄 해가 될 것입니다. 여러분 모두 건강하고 기쁜 한 해 시작하시기를 바랍니다.

12

MS101. 좌파의 전략 : 컬쳐럴 헤게모니

리버럴로 위장한 좌파들
본색이 드러나다

퀘백, 온테리오, 사스케체완
정상화로 가려는 시점에
국가 비상 사태 선포하는
캐나다 트루도 수상

'컬쳐럴 헤게모니'란?

캐나다의 트뤼도 총리는 전혀 필요하지 않은 국가 비상사태를 선포함으로써, 그동안 리버럴로 위장하며 숨겨왔던 본인의 극좌파 전체주의 독재자의 본색을 여실히 드러냈습니다. 이 기사에서 보시다시피 "Trudeau invokes emergency powers against truckers"라는 제목이 나와 있습니다.

이는 트뤼도가 트럭 운전사들에게 국가 비상사태 권한을 선포했다는 뜻으로, 사실상 계엄령에 준하는 조치입니다. 그러나 이러한 극단적인 조치를 취할 필요는 전혀 없었습니다. 또 다른 슬라이드에서는 "Trudeau cracks down on protesting truckers"라는 문구가 있습니다. 이는 트뤼도가 항거하는 트럭 운전사들을 억압했다는 의미입니다.

트뤼도는 계속해서 "fringe minority"라는 표현을 사용했는데, 이는 "보잘것없는 소수의 일부일 뿐"을 의미하는데 자기 말대로 일부 소수의 트럭 운전사들이 시위를 벌인 것이라면서, 왜 국가 비상사태를 선포했는지 이해할 수 없습니다.

　더욱 이해하기 힘든 점은, 현재 캐나다의 주요 주정부들은 백신 의무화 조치를 해제하거나 완화하려고 하고 있다는 것입니다. 퀘벡, 온타리오주는 이달 말과 3월 중순까지 백신 의무화와 백신 패스포트 제도를 철회하기로 결정했습니다. 퀘벡에서는 백신 미접종자에게 부과하려 했던 벌금도 철회되었고, 온타리오는 경제 활성화를 위해 식당과 상점의 수용 인원을 늘리기로 했습니다. 이처럼 캐나다의 주요 주들이 백신 의무화를 종료하고 있음에도 불구하고, 트뤼도 총리는 국가 비상사태를 선포했습니다. 이는 상황이 약해지기 전에 확실히 억압하려는 시도로밖에 보이지 않습니다. 온타리오와 퀘벡은 캐나다에서 가장 인구가 많은 두 주로, 이 두 주가 풀리기 시작하면 캐나다의 60% 인구가 자유로워지게 됩니다. 이와 같은 상황에서 국가 비상사태를 선포하는 것은 전혀 타당하지 않습니다. 캐나다의 트럭 운전사들의 시위는 전 세계로 확산되었고, 프랑스에서는 시민 저항 운동과 경찰 간의 마찰이 심화되었습니다.

　프랑스의 좌파 정권인 마크롱 정부도 이 과정에서 본색을 드러냈습니다. 오늘은 리버럴로 위장한 세계의 좌파 정권들이 어떻게 본색을 드러내는지, 그 배경에는 어떤 잘못된 사상과 왜곡된 이념이 있는지를 살펴보겠습니다.

좌파들은 지난 70~80년 동안 전 세계 각계 각층에 침투하여 리버럴과 좌파의 경계를 모호하게 만들었습니다. 이들은 미국의 민주당을 비롯해 다양한 리버럴 정당에 깊숙이 자리잡고 있습니다. 현재의 정치 상황을 제대로 이해하기 위해서는 안토니오 그람시라는 인물을 알아야 합니다. 안토니오 그람시는 19세기 말에 태어나 46세의 나이로 사망한 이탈리아 공산당 총서기장 출신으로, 무솔리니 정권 하에서 체포되어 감옥에서 오랜 시간을 보냈습니다. 그람시는 감옥에서 3천 페이지에 달하는 노트를 작성했으며, 그 중에서도 "문화적 헤게모니(Cultural Hegemony)" 라는 개념을 만들어 냈습니다. 문화적 헤게모니는 "부르주아 계층이 사회의 각계각층을 장악하고 있어 프롤레타리아 혁명이 어려움을 겪고 있다. 그래서 부르주아가 장악한 문화를 무너뜨리기 위해서는 문화적 전쟁을 통해 서서히 그 부르주아 문화를 잠식해야 한다"고 주장하는 좌파 전략입니다.

유토피아를 (공산화) 실천하기 위해 전술을 두 단계의 전쟁으로 나누어서 실시해야 한다고 주장합니다. 첫 번째 단계는 "자리잡기 전쟁(War of Position)"이며, 두 번째 단계는 "교묘한 침투 전쟁(War of Maneuver)"입니다. 자리잡기 전쟁에서는 프롤레타리아 운동원들이 교회, 학교, 회사 등 각종 조직에 침투하여 우선 자리를 잡아야 한다고 주장했습니다. 그람시는 언어를 통해 부르주아 사회의 기득권을 무너뜨려야 한다고 강조했으며, 이로 인해 'Political Correctness'가 등장하게 되었습니다. Political Correctness (정치적 올바름)은 대중이 듣기 좋은 이야기를 골라서 하는 것으로, 이것을 성공시킴으로써 사람들에게 점점 더 좌파가 선점한 언어를 사용케 합니다. 예를 들어, 과거 미국에서는 흑인을 '니그로'라고 불렀지만, 좌파의 언어전술의 영향으로 'Black'으로 바뀌었고, 최근에는 또 'African-American'이라는 표현으로 바뀌었습니다. 표현이 혐오감을 준다고 선동해서 이러한 단어와 언어의 변화를 통해 용어 사용을 좌파가 선점하는 것입니다.

한국에서도 마찬가지로 과거에는 '식모'라는 표현을 사용했으나, 듣기 거북하다고 이후 '가정부' 그리고 또 '가사도우미'로 바뀌었습니다. 이러한 변화는 좌파가 언어 선점을 통해 사회 의식을 주도하려는 전략의 일환입니다. 그래서 역사적 사실을 정확히 알고 이를 올바르게 전달하는 것은 매우 중요합니다. 예를 들어, 조선을 이완용이 팔아먹은 게 아니고 이완용을 이용해서 고종이 팔아먹었다는 사실을 제대로 이해하지 못하면 국제사회에서 올바른 대화를 나누기 어렵습니다.

오늘은 이러한 좌파의 전략과 언어 선점을 통한 문화 장악에 관해 이야기했습니다. 좌파들의 위선과 언어적 조작에 넘어가지 않도록 주의해야 하며, 올바른 정보와 사실을 바탕으로 우리의 입장을 주장해야 합니다.

13

MS113. 국제유가에 강력한 영향을 주는 미국 파워의 원천

오늘은 국제 원유의 생산가와 손익분기점, 즉 break-even point 에 관해 이야기하면서, 왜 미국이 슈퍼파워로서 전 세계 유가를 좌지우지할 수 있는 막강한 영향력을 가지고 있는지에 대해 말씀드리고자 합니다.

우선, 국제 원유의 생산가와 관련된 어느 분의 댓글 하나를 함께 살펴보겠습니다. 이 댓글은 "원유 '채굴 원가'는 미국이 제일 비쌉니다. 미국 에너지정보청에 따르면 사우디가 배럴당 9~10달러, 러시아가 19~20달러, 미국이 23달러입니다. 원유 가격이 높지 않으면 미국 셰일가스는 경쟁력이 떨어집니다."

이 댓글에서 몇 가지 문제가 드러납니다. 첫 번째 문제는 이분이 채굴 원가와 생산 원가를 혼동하고 있다는 점입니다. 채굴 원가는 글자 그대로 유전에서 원유를 뽑아내는 비용을 의미하며, 생산 원가는 채굴 이후 원유를 보관하고 운반하는 비용까지 포함한 전체 비용을 말합니다. 따라서 이 두 가지는 서로 다른 개념입니다.

두 번째 문제는 채굴 원가와 생산 원가는 지역과 국가뿐 아니라 시기에 따라서도 다르다는 점입니다. 이분이 언급한 수치들은 단순히 평균값일 뿐이며, 이는 연도에 따라 다르고, 미국 내에서도 회사와 유전이 있는 주에 따라 다를 수 있습니다. 예를 들어, 사우디아라비아의 순수 채굴 원가는 배럴당 약 2~3달러에 불과하며, 러시아의 경우 북극 지역에서는 70~100달러 이상, 시베리아의 여러 지역에서는 20~30달러에 이르는 등 다양합니다.

세 번째는 가장 비싼 원유 채굴 원가를 가진 나라가 미국이 아니라 영국입니다. 진정한 생산 원가는 지역, 회사, 그리고 시기에 따라 크게 다르며, 미국과 다른 주요 산유국들은 매우 다른 상황에 처해 있습니다. 예를 들어, 미국은 두 가지 종류의 원유를 생산합니다. 하나는 다른 나라와 동일한 전통적 원유(conventional oil)이고, 다른 하나는 셰일 오일(shale oil)입니다. 셰일 오일은 미국만이 유일하게 생산할 수 있는 원유로, 플래킹 테크놀로지(fracking technology)라는 기술을 통해 추출됩니다. 미국의 원유 산업은 대부분 민간 소유의 기업들이 운영하며, 이는 사우디아라비아, 러시아, 베네수엘라, 이란과 같은 다른 주요 산유국들이 국영 기업을 통해 원유를 생산하는 것과는 큰 차이를 보입니다.

이러한 점 때문에 미국의 생산 원가와 손익분기점은 매우 명확하게 계산되며, 시장 가격이 생산 원가나 손익분기점보다 조금만이라도 낮아지면 즉시 생산을 중단할 수 있는 유일한 나라입니다. 이러한 산유 회사를 '마지널 프로듀서'(marginal producer)라고 부릅니다. 미국은 또한 세계에서 가장 많은 원유를 소비하는 국가로, 이는 다른 산유국들의 상황과는 매우 다른 상황입니다. 미국이 자국 내 오일 수요를 자급자족하고 난 후 남는 양을 수출할 경우, 러시아와 사우디아라비아와 같은 나라들은 직접적인 타격을 받을 수 있습니다. 따라서 미국이 석유를 생산하고 소비하는 방식과 산유량에 따라 국제 유가가 크게 변동할 수 있습니다.

결론적으로, 미국은 세계 최대의 원유 소비국이자 생산국으로, 생산과 소비 양쪽에 다 강력한 영향을 미칠 수 있는 유일한 국가로서,

국제 유가에 막강한 영향력을 행사할 수 있는 나라입니다. 미국이 이러한 파워를 스스로 포기하고 있는 현재의 상황은 여러 가지 정치적 이유에서 비롯되며, 이것이 바로 국제 유가가 상승하는 원인 중 하나입니다. 오늘은 국제유가와 손익분기점과, 왜 미국이 국제 원유 시장에서 강력한 파워를 발휘할 수 있는지에 대해 설명드렸습니다.

14

MS134. 미 민주당 1월 6일 위원회는 선동 수단.
트럼프 기소 계획 없음 발표

미국 민주당의 1월 6일 의회 난입 조사위원회, 소위 'January 6 위원회'가 사실상 사기쇼였다는 것을 TV 청문회와 기자회견을 통해 실토했습니다. 지금 보시는 장면은 지난주 초에 두 번째 TV 청문회가 방영된 이후, 미 의회에서 'January 6h 위원회'의 위원장인 탐슨 위원장이 "증거가 없고, 검찰에 기소하지 않을 예정"이라고 발표하는 장면입니다.

트럼프가 국가를 전복하려 했다는 증거가 나오길 기대하며 그가 감옥에 가기를 기다리던 좌파들이 얼마나 실망했을까요? 탐슨 위원장이 "We were looking for evidence"라고 말했으며, 옆에 있던 여성 의원이 "We are legislators. They are prosecutors."라고 덧붙였습니다. 이 말은 표면적으로는 "우리는 증거를 찾고 있었고, 우리는 입법자일 뿐이고 그 사람들이 검찰이다"라는 의미지만, 실제 미국인들이 받아들이는 뉘앙스는 "아무리 찾아봐도 증거가 없습니다."입니다.

이 여성 의원이 기자의 질문에 답하며 "여기는 입법기관일 뿐, 검찰이 아닙니다"라고 말한 것은, 이들이 실질적으로는 아무런 증거를 찾지 못했다는 것을 시인한 것입니다. 수천 명을 인터뷰하고, 수많은 비디오를 검토하며 진행한 조사의 결과가 이렇다는 사실에 좌파와 민주당 지지자들은 큰 실망을 느낄 수밖에 없습니다.

미국의 주요 방송사인 CBS, NBC, ABC는 좌파 성향이 CNN, MSNBC보다는 심하지 않은 전통적인 언론사로 여겨지지만, 이들 역시 좌편향된 보도를 하는 경우가 많습니다. 이 방송사들의 가장 중요한 프라임 타임 뉴스가 저녁 8시인데, 이 시간대의 일반적인 시청률은 약 2천만 명입니다. 그러나 'January 6h 위원회'의 청문회가 특별 방송되었을 때의 시청률은 평소의 절반에 불과한 약 1,100만 명에 그쳤습니다. 이는 많은 사람들이 이 조사가 사기쇼라는 것을 알고 있었기 때문에 안 본 거죠.

현재 미국에서 가장 문제가 되는 것은 인플레이션, 국경 문제, 마약 문제, 범죄 문제, 그리고 학교에서의 CRT 교육 같은 이슈들입니다. 그러나 민주당은 이런 실제 문제들을 다루지 않고, '1월 6일 사건'을 과장하여 선동하려 하고 있습니다. 이러한 상황에서 많은 미국인들이 실망감을 느끼고 있습니다.

낸시 펠로시 하원의장이 이끄는 1월 6일 조사위원회 사기쇼는 6월부터 9월까지 6차례에 걸쳐 TV에서 청문회를 방영할 예정입니다. 이들은 9월 말에 최종 보고서를 발표할 예정인데, 이 모든 것이 11월 초 중간선거를 염두에 둔 정치적 술수라는 점은 분명합니다. 이러한 행태를 'Virtual Politics'라고 하며, 존재하지 않는 일을 꾸며내어 마치 실제로 존재하는 일인 것처럼 선동하는 정치적 전략입니다.

　미 민주당은 언론과 합세하여 'misinformation'(잘못된 정보)과 'disinformation'(거짓 정보)을 퍼뜨리며 미국민과 전 세계 사람들을 혼란에 빠뜨리고 있습니다. 특히 언어 장벽으로 인해 한국 언론에만 의존하는 교포 여러분께 사실을 바로 알리기 위해 이 일을 하고 있습니다. 한국언론이나 미주 한인 언론이 좌파 성향의 미국 언론에 영향을 받아 좌편향된 보도를 하는 경우가 허다하기 때문입니다.

　트럼프 대통령이 러시아 간첩이라며 퍼뜨렸던 러시아 연루설이나, 탄핵 시도와 같은 사안들이 왜 아무런 결과를 내지 못했는지 생각해 보시기 바랍니다. 이는 모두 가짜 선동에 불과하기 때문입니다. 이제는 더 이상 속지 말고, 좌파 민주당의 선전·선동에 넘어가지 않기를 바랍니다. 이제 'Virtual Politics'가 무엇인지, 'Narrative'가 무엇인지 잘 생각해 보시기 바랍니다.

15

MS150. 트럼프의 워싱턴 스왐프 숙청 리스트, 스케줄 F

최근 1~2주 동안 인터넷과 소셜미디어, 그리고 미국 주류 언론에서 "트럼프 재임 시 워싱턴에서 대대적인 숙청 작업을 계획하고 있으며, 이를 위한 비밀 명단을 만들고 있다"라는 소문이 퍼지고 있습니다. 이 소문은 트럼프가 딥스테이트를 청소하기 위해 만든 명단으로, '스케줄 F'라는 이름이 붙었다고 전해지고 있습니다. 이러한 이야기는 좌파와 우파를 가리지 않고 다양한 매체에서 떠돌고 있습니다. 오늘은 이 '스케줄 F'가 무엇인지, 왜 중요한지, 그리고 이를 정확히 이해하는 것이 왜 필요한지에 대해 다뤄보겠습니다. 또한, 딥스테이트에 대한 저의 견해도 간단히 설명드리겠습니다.

'스케줄 F'는 트럼프 대통령이 2020년 10월 21일에 발효한 행정명령에서 비롯된 용어입니다. 이 행정명령의 번호는 EO13957로, 트럼프 대통령이 재임 중에 내린 여러 행정명령 중 하나입니다. 이 명령은 연방 정부의 고위 공무원들의 직급을 '스케줄 F'로 분류하여, 대통령이 임명한 정치직 공무원처럼 자유롭게 임명하고 해임할 수 있도록 하는 내용을 담고 있습니다.

이 행정명령의 배경을 이해하기 위해서는 미국 연방 정부의 공무원 시스템을 살펴볼 필요가 있습니다. 미국 전체 공무원 수는 약 200만 명에 달하며, 이 중 대통령이 임명하는 고위직 정치 공무원 자리는 약 4,000개 정도밖에 되지 않습니다. 이들은 장관, 차관, 차관보, 국장급 등으로, 대통령의 정책을 지휘하는 핵심 직위에 있는 공무원들인데 이들보다도 보이지 않는 실제의 권력을 가지고 있는 자들이 장, 차관의 바로 밑에 자리를 차지하고 있는 행정고시를 통해 선발된 공무원으로서 수십 년간 근속과 진급을 통해 부장, 국장, 차관보 등의 직급에 올랐지만, 직위 자체가 대통령이 마음대로 해임할 수 있는 장, 차관급의 임명직이 아니라 고용과 해임이 연방 공무원 보호법에 의해 엄격히 규제되는 소위 철밥통 공무원들입니다.

트럼프 대통령은 이러한 고위 공무원들이 대통령의 명령을 무시하거나 정책을 저지하는 '딥 스테이트'로 보고, 이들을 제거하고자 "스케줄 F"를 만들었습니다. 이 행정명령은 약 5만 명에 달하는 고위행정 공무원 철밥통인 차장, 부장, 차관보 등도 대통령의 정책을 집행하는 자리라면 장, 차관 같은 임명직처럼 대통령이 직접 해임권을 갖는 권한을 명시한 트럼프 대통령의 신설 법령입니다.

이 행정명령은 좌파와 우파 모두에서 논란이 되었고, 일부는 이를 과장하여 트럼프가 모든 공무원을 숙청하려는 계획으로 왜곡하기도 했습니다. 하지만 실제로는 200만 명의 공무원 중 약 2%에 해당하는 5만 명만이 '스케줄 F'의 대상이 되는 것인데, 이것을 집권만 하면 늘 공무원 숫자를 늘리는 민주당 정권이 큰 문제로 쟁점화시키는 것입니다.

트럼프 대통령이 언급한 '딥스테이트'는 행정 조직 내에서 대통령의 명령을 무시하고 자신들의 권력을 유지하려는 철밥통 관료 집단을 지칭하는 용어입니다. 이들은 공무원의 숫자를 늘리는 민주당 성향의 정책을 선호하며, 효율성을 강조하는 공화당 정권은 방해하는 경향이 있습니다.

어떤 보이지 않는 세력이 음지에서 존재하면서 공무원 집단과 같은 딥스테이트에 영향력을 행사할 수 있다는 점은 저도 인정합니다. 다만, 일부 음모론의 주장처럼 구체적으로 어떠한 인물이나 조직이 '미국 정부와 전 세계의 모든 정부를 막후에서 조정하고 있고 그게 바로 딥스테트이다' 라는 주장은 신중하게 접근해야 한다고 생각합니다. 정확한 증거 없이 이러한 주장을 하는 것은 학자로서 신뢰성을 떨어뜨릴 수 있기 때문입니다.

결론적으로 '스케줄 F'는 트럼프 대통령이 행정명령을 통해 만든 신제도로, 공무원 조직 내의 비효율성을 제거하고자 한 것입니다. 대통령이 행정직 공무원이라 할지라도 정책 실시에 영향을 줄 수 있는 위치의 직급이라면 자유롭게 임명하고 해임할 수 있도록 하는 것이 목적입니다. 하지만, 이 제도는 좌파 성향 언론에서 과장되어 보도되었고, 우파에서도 오해를 일으키고 있습니다. 이러한 상황을 올바르게 이해하는 것이 중요합니다. 이 영상을 통해 '스케줄 F'와 딥스테이트에 대해 보다 정확하고 명확하게 이해하실 수 있게 되기를 바랍니다.

16

MS162·163. 사람들이 트럼프를 싫어하는 진짜 이유

오늘은 사람들이 트럼프를 싫어하는 이유에 관해 이야기 나누어 보려 합니다. 많은 이들이 트럼프를 싫어하는 이유로 다양한 예를 들곤 합니다. 예를 들어, 트럼프가 탈세를 했다는 주장, 러시아 간첩일 수 있다는 의혹, 여성 혐오자로 비판받는 점, 말투가 거칠다는 비난, 그리고 싸구려 장사꾼이라는 인식 등이 있습니다.

제가 개인적으로 경험한 이야기를 하나 들려드리겠습니다. 올해 초 명절에 모임을 가졌는데, 한 사람이 트럼프를 지나칠 정도로 강하게 F자 (심한 욕)를 섞어가며 욕을 했습니다. 저는 그 사람에게 왜 그렇게 트럼프를 싫어하는지 물어봤습니다. 그 사람은 주류 언론에서 듣는 이야기를 그대로 똑같이 하면서 트럼프가 세금을 적게 냈다는 점을 문제 삼았습니다. 그 사람은 자신은 열심히 일해서 세금을 꼬박꼬박 내는데, 트럼프는 750달러에서 800달러밖에 안 냈다며 분노했습니다.

저는 그 사람에게 난 트럼프를 지지한다고 말했더니, 놀란 표정으로 말문을 닫았습니다. 그리고 저는 그에게 트럼프의 세금 문제에 관해 설명했습니다. 미국에서 IRS는 매우 강력한 기관입니다. 만약 트럼프가 정말 탈세를 했었다면, IRS가 이를 문제 삼았을 것이고, 언론에서도 이를 크게 다루었을 겁니다. 하지만 트럼프는 70세가 될 때까지 비즈니스를 하면서 세금 문제로 처벌받은 적이 없었습니다.

세금을 내지 않는 데는 두 가지의 경우 중, 하나는 '텍스 이베이션'(Tax Evasion)으로 이는 내야 할 세금을 고의로 회피하는 불법 행위이고 다른 하나는 '텍스 어보이던스' (Tax Avoidance)로 합법적인 방법으로 세금을 줄이는 것입니다. 대부분의 사람들은 이 '텍스어보이던스'를 통해 세금을 줄이고 있습니다. 트럼프도 마찬가지로 합법적으로 세금을 절감하는 이 방법을 이용해 개인 소득세를 줄였을 뿐입니다.

또한, 트럼프 대통령이 부동산 개발업자이기 때문에 투자 원금이 회수되기 전까지 소득이 발생하지 않는 경우가 많습니다. 따라서 소득이 없으면 낸 소득세가 없는 거죠. 이는 당연한 것이라고 설명했습니다.

그 사람은 트럼프가 여성을 폄하하거나, 막말을 한다는 비판을 이어갔습니다. 하지만 저는 그런 것들이 개인적인 인격 모독에 해당한다고 생각합니다. 일국의 지도자가 가져야 할 중요한 덕목은 세수와 경제, 외교와 국방 등을 튼튼히 하고, 국민의 안전과 치안을 강화하는 지도력입니다. 트럼프 대통령은 이러한 면에서 지도력을 4년간 국민들에게 보여줬고 많은 업적을 이루어냈습니다.

트럼프 대통령은 오바마 행정부에서 묶어둔 오일 개발을 풀어, 미국을 세계 최고의 산유국으로 만들었습니다. 그의 임기 동안 휘발유 가격은 갤런당 2달러 이하로 떨어지기도 했습니다. 또한, 트럼프 대통령은 수많은 규제를 철폐해 경기를 활성화했습니다.

중동 문제에서도 트럼프 대통령은 사우디에서 55개국의 범이슬람권 국가 정상회담을 리드해, 미국 중심의 중동-아프리카 아랍 문화권 연합체를 결성했습니다. 또한, 독일의 앙겔라 메르켈 수상에게 국방은 미국이 책임지는데 왜 러시아와의 가스 파이프라인을 연결해 의존하려 하느냐고 경고했습니다. 결과적으로 트럼프 대통령의 예측대로 러시아와 가스파이프라인 문제가 발생했습니다.

　트럼프 대통령은 텔아비브에 있는 미국 대사관을 예루살렘으로 옮기겠다고 약속한 수많은 미국 대통령 중 유일하게 이를 실행에 옮겼습니다. 그는 민주당이 주장하는 세계 3차 대전이 일어날 것이라는 경고에도 불구하고, 이스라엘 수도를 예루살렘으로 인정하는 과감한 결정을 내렸습니다. 이 외에도 무역, 외교, 경제 등 여러 분야에서 혁신적인 성과를 거두었습니다. 하지만 이러한 트럼프 대통령의 성과에도 불구하고, 트럼프를 싫어하고 비판하는 세력은 여전히 존재합니다. 그 이유는 민주당과 결탁한 언론, 빅텍, 빅머니, 방위산업체, 제약회사 등간의 이해관계 때문입니다.

　미국의 일반 국민들중 트럼프를 싫어하는 사람들은 몇 가지 유형으로 나뉩니다.

　첫째, 고령 세대로, 현재의 좌파 민주당이 여전히 과거의 리버럴 민주당인 줄 알고 민주당을 지지하는 사람들입니다.

　둘째, 민주당과 언론의 계속되는 반-트럼프 선전, 선동을 사실로 믿는 사람들입니다.

　셋째, 민주당과 언론의 거짓 선동을 알면서도 모른척하고 자신의 관계,이익 때문에 트럼프를 반대하는 사람들입니다.

　넷째, 민주당과 언론이 거짓말을 해 주기를 바라고 그것을 적극 악용하는 소수의 이익 집단입니다.

　한국에서도 비슷한 상황이 벌어졌습니다. 박근혜 대통령은 1980

년대 이후로 가장 훌륭한 대한민국 대통령 중 한 명이었지만, 좌파 언론과 세력의 비판으로 인해 억울하게 탄핵당했습니다.

미국 국민의 과반수는 현명하게 판단하고 있습니다. 트럼프 대통령의 정책과 업적을 올바르게 평가하는 사람들이 많아지면서, 거짓이 진실을 영원히 이길 수 없다는 것을 깨닫고 있습니다. 따라서, 트럼프 대통령에 대한 지지가 증가하고 확대되면서 11월 선거에 당선될 확률이 점점 높아지고 있습니다.

17

MS186. 모더니즘을 몰락시킨 트럼프

오늘은 "모더니즘을 침몰시킨 트럼프"라는 주제로 이야기를 나누어 보겠습니다. 극좌로 치우친 미국 민주당과 사회주의 운동가들이 언론인으로 위장해서 장악해 버린 미국의 주류 언론은 트럼프 대통령을 깎아내리고 우파 간 이간질을 시도하는 공세를 더욱 심화시키고 있습니다. 이에 따라 선동당하며 마음이 흔들리는 우파들도 늘어나고 있습니다. 예를 들면, 이제 트럼프는 구시대의 인물이라며 "트럼프는 이제 아니다. 한 번 속으면 어쩔 수 없지만, 두 번 속으면 속은 사람이 잘못이다"라고 주장하는 사람들도 있습니다.

오늘은 트럼프 대통령에 대한 비판과 모더니즘이 무엇인지, 그리고 트럼프 대통령이 어떻게 모더니즘을 침몰시켰는지 이야기해 보겠습니다.

먼저, "트럼프는 이제 아니다. 두 번 속을 수는 없다"라는 말을 하시는 분들께 말씀드리고자 합니다. 좌파와 주류 언론에 선동당하지 말라는 것입니다. 어떤 분의 댓글은 "진짜 똑똑한 사람들은 트럼프를 지지하지만, 어설프게 똑똑한 사람들이 트럼프를 비판한다"고 지적한 분도 있었습니다. 저도 이 의견에 동의합니다. 우리는 통찰력이 있어야 합니다. 트럼프 대통령에 대한 음해는 2016년 출마 선언 이후 지속적으로 이루어지고 있습니다. 대통령으로 재임한 4년 동안에도 미 언론의 트럼프 음해는 끊이지 않았습니다. 그러나 트럼프 대통령이야말로 국민과 국가, 그리고 세계 평화를 위해 소신껏 일할 수 있는 인물입니다. 그의 재임 기간 동안 새로운 전쟁은 단 한 번도 일어나지 않았습니다. 반면 민주당이 집권하자마자 우크라이나에서 전쟁이 벌어졌습니다. 주류 언론과 결탁한 민주당, 군산복합체, 제약회사 등은 트럼프의 재선을 방해하며 자신들의 이익을 추구하려고 합니다.

"한 번 속으면 어쩔 수 없지만, 두 번 속으면 안 된다"는 말은 논리적으로 맞는 것처럼 보이지만, 완전히 틀린 이야기입니다. 2020 미 대선 결과는 말에 속는 것이 아니라 좌파 민주당이 매우 교묘한 방법으로 몇 개 주에서 부정선거를 통해 공격한 것입니다. 예를 들어, 상점을 운영할 때 샤프 리프터들을 완벽히 막기 어렵듯이, 나쁜 의도를 가진 사람들이 계획적으로, 지속적으로 공격해 올 때 이를 막기는 쉽지 않습니다. 그렇다고 아무것도 하지 않는 것은 아닙니다. 트럼프 대통령은 지난 2년 동안 보안 ID 법 등 다양한 법안을 통과시키며 부정선거를 방지하려고 노력하고 있습니다.

트럼프 대통령이 무너뜨린 것이 바로 미국과 전 세계에 만연해 있는 '폴리티컬 모더니즘'입니다. 모더니즘은 서양 사회가 18세기 말부터 19세기 초에 걸쳐 공업화와 산업화를 겪으면서 사회 전반에 큰 변화를 불러온 사상입니다. 예술, 문학, 정치, 사회과학 등 다양한 분야에서 자아와 과학적 근거를 중시하는 경향이 나타났습니다. 이러한 변화를 정치에 이용한 것이 바로 '폴리티컬 모더니즘'입니다.

폴리티컬 모더니즘은 전문가와 언론, 학자들을 동원해서 통계수치와 그럴듯한 근거를 제시하며 국민을 선동하며 이끌어가는 정치 형태입니다. 그런데 트럼프 대통령은 이러한 폴리티컬 모더니즘에 반기를 들고 나왔습니다. 그는 언론과 학계, 정치계에 직격탄을 날리며 공격하고 자신이 공격을 받으면서도 진실을 이야기했습니다. 이러한 이유로 그는 보통 사람들의 큰 지지를 받고 있습니다. 트럼프 대통령은 단순한 인물이 아닌, 우리를 지배하고 있는 신귀족층이라고 볼 수 있는 '지배계층'에 의해 빼앗긴 인간 본연의 천부적 권리 즉 미 헌법이 명시하고 있는 만인 평등의 미국을 되찾고자 하는 것이 그의 정책이고 그것을 위해 보이지 않는 지배층과 싸우고 있는 것입니다. 그렇기 때문에 우리는 트럼프 대통령을 지지하고, 그가 추구하는 가치를 함께해야 합니다. 좌파와 주류 언론에 선동당하지 말고, 우리가 무엇을 위해 싸우고 있는지, 무엇을 추구하는지를 다시 한번 생각해 보시기 바랍니다.

18

MS215. 주류 언론을 믿는 미국인 아직도 26%

최근 통계에 따르면, 아직도 주류 언론을 신뢰하는 미국인이 26%나 된다는 사실이 밝혀졌습니다. 제 주변에도 주류 언론의 보도를 철저히 믿고 따르는 분들이 상당히 많습니다. "Disturbing Poll Reveals 26% Of Americans Still Trust The Media"라는 제목의 기사에서 'disturbing'이라는 단어는 단순히 방해한다는 뜻을 넘어서, 매우 불편하고 한심하다는 뉘앙스를 문장에 담고 있습니다.

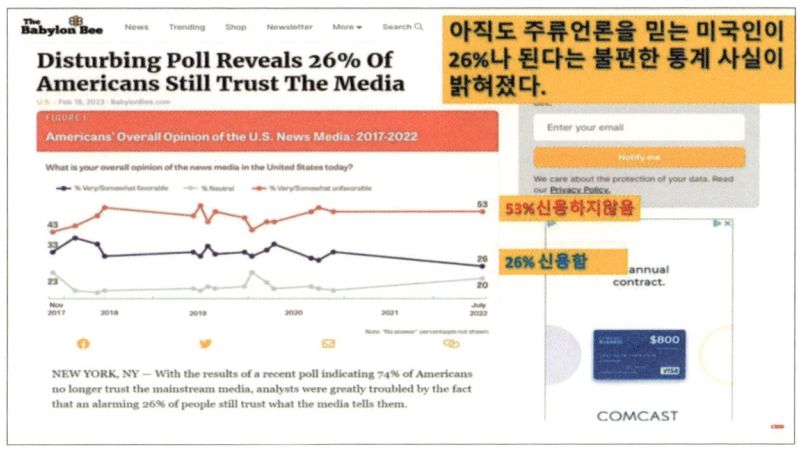

여러분이 보시는 도표는 2017년부터 2022년까지의 설문조사 결과를 통계로 나타낸 것입니다. 빨간색으로 표시된 부분은 언론을 신뢰하지 않는다는 응답자로, 53%에 달합니다. 파란색은 언론을 신뢰한다는 응답자로 26%를 차지하고 있으며, 20%는 중립적인 입장을 보였습니다. 중립적인 응답자들은 크게 믿지도 않지만, 그렇다고 완전히 불신하지도 않는 사람들이라 볼 수 있습니다.

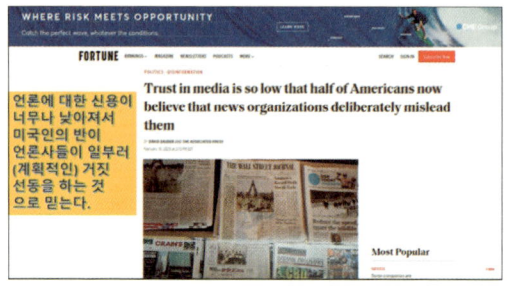

　이 기사는 《Fortune》지에 보도된 것으로, "Trust in media is so low that half of Americans now believe that news organizations deliberately mislead them"이라는 제목을 달고 있습니다. 이는 최근 갤럽 여론조사 기관이 실시한 것으로, 매우 신뢰도가 높은 조사입니다. 74%의 미국인이 주류 언론을 믿지 않는다는 것은 이미 널리 알려진 사실이지만, 여전히 26%의 미국인이 언론 보도를 100% 사실로 믿고 있다는 점이 문제입니다.

　갤럽 조사기관의 애널리스트 미카 슈미츠는 이러한 현상을 두고 "정말로 무서운 현상"이라고 표현했습니다. 그는 국론을 분열시키고 나라를 파괴하는 언론사의 기자들을 여전히 믿는 사람들이 26%나 된다는 것은 매우 불안한 상황이라고 말했습니다. 슈미츠는 이어서 미국인의 지적 수준이 크게 낮아졌거나, 아니면 이들이 미쳐버린 것 아니냐는 우려까지 제기했습니다.

　슈미츠는 언론을 철저히 신봉하는 26%와 비슷한 비율의 미국인들이 부활절에 토끼가 나타나 이스터 에그를 가져다준다는 것을 아직도 믿고 있다고 분석했습니다. 이 부류의 사람들이 언론을 무조건 믿는 것과 같이, 대통령이 이스터 토끼로부터 조언을 받는다는 터무니없는 이야기를 믿는다는 것입니다. 이 두 부류는 겹치는 성향을 보일 가능성이 높습니다. 또한, 28%의 미국인이 여전히 이라크에서 사담 후세인이 대량살상 무기를 숨겨두었다고 믿고 있다는 충격적인 사실도 밝혀졌습니다. 부시 행정부는 이라크 침공을 정당화하기 위해 대량살상 무기가 존재한다고 주장했으나, 이는 후에 사실이 아닌 것으로 밝혀졌습니다. 그런데도 여전히 많은 미국인이 이 주장을 신뢰하고 있다는 것은 놀라운 일입니다.

이와 함께, 미국인 여성의 12%가 배우 애덤 드라이버를 매력적이고 미남으로 생각한다는 통계도 나왔습니다. 이는 사람들이 특정 사물이나 현상을 받아들이고 생각하는 방식, 즉 뇌의 '인식'이 얼마나 주관적일 수 있는지를 보여줍니다. 트럼프 대통령의 경우도 마찬가지입니다. 트럼프 대통령의 실제 능력이나 지도력과는 상관없이, 그의 직설적인 성향이 불편하게 느껴져 일부 공화당 내에서도 반대하는 사람들이 있는 상황입니다. 주류 언론이 트럼프 대통령에 대해 오랜 시간 동안 부정적인 이미지를 심어온 탓으로, 아직도 많은 사람들이 이를 사실로 믿고 있습니다. 그러나 그 수는 점점 줄어들고 있으며, 오늘은 여러분과 함께 갤럽 통계를 기반으로 한 흥미로운 이야기를 나눠보았습니다.

19

MS228. 미국 역사상 처음 대통령 기소.
지지도와 기부액 급상승하며
2024 향한 입지 강화하는 트럼프

트럼프 대통령을 끌어 내리려는 민주당의 6년간의 시도가 실패로 돌아간 후, 좌파 민주당은 마지막으로 모든 수단을 동원해 맨해튼에서 정치적 쇼를 벌이기 시작했습니다. 이 정치쇼는 동부 시간으로 4월 4일 오후에 막이 올랐습니다. 트럼프 대통령은 검찰청에 오후 2시까지 출두하라는 통보를 받았지만, 여유롭게 3시 반쯤 검찰청에 모습을 드러냈습니다. 저는 강의 중이었지만, 강의가 끝나자마자 이 사건에 대한 뉴스를 확인하였습니다. 왜 이번 기소가 단지 정치적 쇼에 불과한지, MS224회와 225회 영상에서 자세히 설명해 드렸습니다. 혹시 이 영상을 보지 못한 분들은 꼭 시청하시기를 권합니다.

이 사건은 스토미 대니얼스라는 여성에게 13만 달러를 지급한 것이 불법이라는 문서위조 혐의로 맨해튼 검찰이 트럼프 대통령을 기소한 것입니다. 이 기소 자체가 웃음거리인데, 이 사건은 이미 연방 특검이 3년에 걸쳐 조사한 결과, 아무런 혐의가 없다고 판단된 사건입니다. 게다가 선거 자금법은 연방 관할이지 주 관할이 아닙니다. 그럼에도 불구하고 다시 말해 맨해튼에서 관할권이 없음에도 불구하고 기소를 강행한 것입니다. 설령 관할권이 있다고 해도, 이 사건은 이미 공소시효가 만료된 오래전 일입니다. 그런데도 민주당은 이 사건을 부풀려서 트럼프 대통령을 11월 선거에 출마하지 못하도록 끌어 내리려 했고, 그 결과는 오히려 2024년 대선을 향한 트럼프 대통령의 입지 강화를 가져왔습니다.

기소를 담당한 알빈 브래그 검사는 처음에는 이 사건을 기각했으나, 어딘가에서 엄청난 압박이 들어오자 다시 기소를 강행했습니다.

이에 따라 여러 명의 맨해튼 검찰청 검사들이 사표를 내는 사태가 발생했습니다. 하지만 트럼프 대통령은 이 정치적 쇼를 통해 오히려 큰 승리를 거두고 있습니다.

 맨해튼에서 벌어진 이 쇼는 좌파들이 대대적인 공격을 준비했던 것이었으나, 기소 하루 전인 월요일 밤부터 주류 언론들의 태도가 급변하기 시작했습니다. CNN에서 오바마 행정부의 시니어 어드바이저였던 데이빗 엑셀로드는 트럼프 대통령에게 가능한 모든 예의를 갖추어야 한다고 주장하며, 트럼프를 수갑 채우거나 무례하게 대하는 것이 큰 역효과를 초래할 것이라고 경고했습니다. 이런 경고가 나오는 이유는, 트럼프 대통령의 지지자들뿐만 아니라 트럼프에 큰 관심이 없었던 사람들까지도 이번의 말도 안 되는 억지 기소로 인해 크게 분노했기 때문입니다.

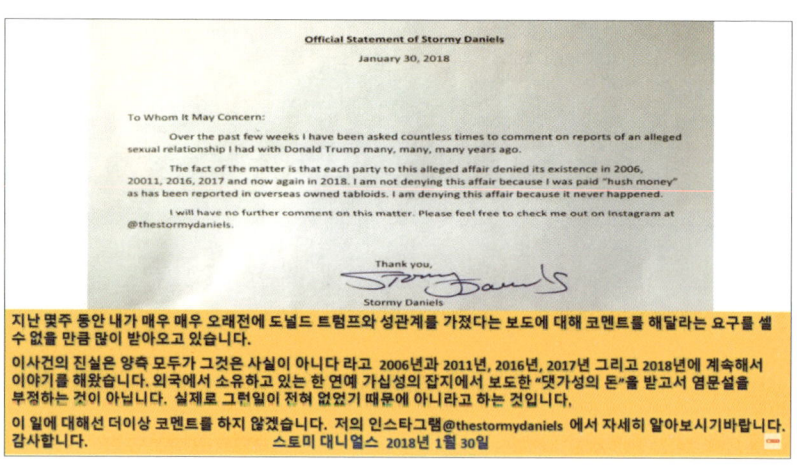

그 결과, 트럼프 대통령의 인기는 급상승했습니다. 기소가 확정된 이후 3일 만에 500만 달러의 기부금이 모였고, 그중 25%는 트럼프에게 처음으로 기부한 사람들이었습니다. 이는 트럼프 대통령에 대한 관심이 공화당 내 기존 지지자들뿐만 아니라 중도층에게까지 확대되고 있음을 보여줍니다.

트럼프 대통령의 유일한 '죄'는 2016년 선거 당시 민주당이나 공화당의 양 측의 어느 기득권 세력의 도움 없이 당선된 것이 바로 죄입니다. 이로 인해 트럼프는 민주당뿐만 아니라 공화당 내 기득권 세력에게도 적대시되고 있습니다. 하지만 이번 기소는 잠자는 사자를 건드린 격이 되었고, 공화당도 이에 크게 분노하고 있습니다. 공화당은 이제 점잖은 태도를 버리고, 민주당에 대한 강력한 반격을 준비하고 있습니다.

테네시 주 의회에서는 총기 난사 사건을 옹호한 민주당 의원 3명을 제명하는 조치를 취했고, 이는 공화당이 더 이상 관용적이지 않겠다는 신호로 해석됩니다. 이번 사건을 통해 우리가 알고 있던 관용적인 미국 정치의 시대는 끝났으며, 오히려 공화당의 강력한 부활과 함께 새로운 시대가 열릴 것으로 보입니다. 공화당은 이제 좌파의 잘못된 행동에 대한 강력한 대응을 준비하고 있으며, 이는 미국 정치의 새로운 변화를 예고하고 있습니다.

20

MS231. 미국, 민주당에서 공화당으로 당적 바꾸는 의원 증가

- 확장하는 보수 세력

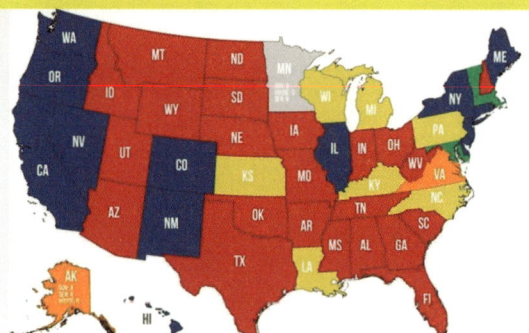

평생 거의 50여 년 가까이 민주당 의원으로 활동해 온 프랜시스 탐슨 주 하원의원이 기독교적 가치를 파괴하는 민주당의 정책을 더 이상 참지 못하고 공화당으로 당적을 바꿨습니다. 루이지애나 주의 탐슨 의원은 1974년 민주당의 초선 의원으로 출마해 반세기 동안 민주당 소속으로 활동했지만, 이제는 공화당으로 당적을 옮겼습니다. Washington Examiner 신문 기사에 따르면, "Born-again conservative: Democratic lawmaker, 81, changes party over Christian values"라는 제목으로 이 소식을 보도하고 있습니다.

기사에서 'Born-again'이라는 표현은, 예수를 주님으로 받아들여 영적으로 다시 태어난다는 의미입니다. 81세의 탐슨 의원은 "오늘날의 민주당은 1970년대의 민주당과는 너무나도 다르다"며, 남성과 여성의 성별을 과학의 힘으로 바꿀 수 있다고 주장하는 민주당의 정책과 트랜스젠더들이 여성 스포츠에 참가하는 것을 지지해야 한다는 연방 차원과 주 차원의 민주당 본부의 압력을 도저히 받아들일 수 없다고 밝혔습니다. 그는 크리스천으로서 이런 압력을 받아들일 수 없다는 이유로 당적을 바꾸게 되었습니다.

탐슨 의원의 당적 변경은 단순히 개인적인 결정이 아니라, 루이지애나 주의회에서 공화당이 절대다수당(Super Majority)이 되는 중요한 사건이기도 합니다. 과반수 이상의 단순 다수를 의미하는 'Majority'와는 달리, 'Super Majority'는 의석의 3분의 2 이상을 차지하는 절대다수를 의미하며, 이는 막강한 권한을 부여합니다. 슈퍼 다수당이 되면 주지사나 대통령의 거부권을 무효화할 수 있는 '오버라이딩 파워'(Overriding Power)를 행사할 수 있게 됩니다.

탐슨 의원의 사례뿐만 아니라, 2023년 3월 중순부터 최근까지 미국에서 4명의 민주당 의원이 공화당으로 당적을 바꾸었습니다. 이는 미국 정치에 큰 의미를 가지며, 민주당의 좌파적 정책에 반대하는 트렌드가 확산되고 있음을 보여줍니다. 루이지애나 주에서는 탐슨 의원 외에도 제러미 라콤 의원이, 웨스트 버지니아 주에서는 일리엇 프리트 의원이, 그리고 노스캐롤라이나 주에서는 트리샤 코스담 의원이 공화당으로 당적을 변경했습니다. 특히, 노스캐롤라이나 주에서 코스담 의원의 당적 변경으로 공화당은 슈퍼다수당이 되었습니다.

이러한 변화는 미국의 정치 지형에 큰 영향을 미치고 있습니다. 2022년 중간선거 이후 변화된 미국의 정치 지도를 보면, 공화당이 주지사와 주 상·하원을 모두 장악한 '트라이팩터'(Tri-Factor) 주는 23개 주에 달하며, 민주당은 14개 주에 그칩니다. 특히, 공화당은 주 상·하원을 모두 장악한 30개 주 중 25개 주에서 슈퍼 다수당을 이루고 있습니다. 이와 달리, 민주당이 슈퍼 다수당을 이루고 있는 주는 여러분이 수백억 원의 자산을 보유한 자산가라고 가정해 봅시다. 그런데 친구 중 한 명이 집이 불타고 재산을 모두 잃어 하루 세 끼 식사를 해결하기도 어려운 상황에 처해 있다고 생각해 보세요. 그 친구의 아이들도 엉망이 되었습니다. 여러분은 수백억 원의 자산을 보유하고 있으니, 친구에게 장사라도 해서 먹고 살라고 1~2억 원 정도를 무상으로 지원했습니다. 그 돈으로 친구는 열심히 일해 마침내 경제적으로 안정된 삶을 살게 되었습니다. 그 후에도 몇 차례 추가로 무상으로 돈을 주거나 또는 무이자나 저금리로 돈을 빌려주면서 그 친구는 점점 더 잘 살게 되었습니다. 이제는 집도 사고, 좋은 차도 끌고 다니는 상황입니다.

그런데 그 친구가 만날 때마다 밥 한 끼도 제대로 사지 않으면서 "당신은 수백억 원이나 가지고 있지 않냐"고 하면서 심지어는 자기 집의 문짝을 고치거나 담장을 쌓는 돈도 여러분에게 좀 내달라고 도움을 요청하는 상황을 한번 상상해 보세요. 그 친구도 이젠 10억 원, 20억 원의 자산을 보유하고 있는데도 말입니다. 이런 상황이 반복된다면, 여러분은 그 친구가 얼마나 몰상식해 보일지 쉽게 상상할 수 있을 것입니다. 국가 간의 관계도 이와 다르지 않습니다.

주한미군 방위비 분담 협상에서 미국이 한국에 주한미군의 방위비를 분담해 달라는 것은 천문학적인 비용이 드는 미국의 전략 자산, 예를 들어 한국을 방어하기 위해 일본이나 괌에 배치된 전략 자산에 대한 비용을 요구하는 것이 아닙니다. 이러한 전략 자산에 대한 비용은 미국이 무료로 제공하는 것입니다. 미국이 요구하는 방위비 분담금은 주한미군이 한국에 체류하는 데 드는 비용을 미국과 분담하자는 것입니다. 즉, 수도, 전기, 건물 수리 등이 포함되고 그중 가장 큰 부분은 주한미군 부대에서 근무하는 한국인들의 월급입니다. 두 번째로 중요한 항목은 차량과 장비의 유지보수 비용입니다. 미국은 이런 체류에 들어가는 비용만 절반 이상을 한국이 부담하라고 요구했습니다.

하지만 한국 정부는 경제적 어려움을 이유로 이 비용 부담을 줄여달라고 요구해 왔습니다. 특히 문재인 정권은 미국과의 분담금 협상에서 예를 들면 999억 원은 부담할 수 있지만, 천억 원은 너무 많다는 식으로 (정확한 액수는 아님) 미국을 약 올리며 모욕을 주었습니다. 이는 사실상 주한미군을 철수시키라는 메시지를 전달한 것이나 다름없습니다.

1945년에 미국은 일본에 빼앗긴 나라를 한국 국민에게 되찾아 주었습니다. 그러나 남한에 주둔한 미군에 대해 철수 요구 시위가 이어지자, 미군은 3년 만에 한국을 떠났습니다. 미군이 철수하자 곧바로 북한이 소련의 지원을 받아 남한을 침공해 6.25 전쟁이 발발했습니다. 전쟁이 터지자, 한국은 미국에 다시 도움을 요청했고, 미군은 민주주의를 지키기 위해 다시 한국에 와주었습니다. 북괴군과 중공군을 막아내다 38,000여 명의 미국의 젊은이들이 한국 땅에서 숨졌고 수십만이 불구가 되었습니다. 6.25 전쟁 중 3년간 그리고 전후 상당 세월을 한국 국민들은 미군이 부산항에 하역한 쌀과 밀가루로 생계를 유지했습니다. 또한, 1970년대 중반까지 미국 의회는 한국 정부의 예산 일부를 미국 국민의 세금으로 충당했습니다.

 이러한 미국의 전폭적인 원조와 국방을 걱정 없이 미국에 맡겨놓고 경제성장에 노력을 기울인 결과 오늘날 세계 10위권의 경제 대국으로 발전할 수 있었습니다. 그런데 이제 와서 주한미군 체류비 분담금을 한국이 경제적으로 어렵다고 주장하며, 비용을 줄여달라고 요구하는 것을 미국의 정치 지도자들은 물론 국제사회가 이런 태도의 한국을 어떻게 바라보는지를 생각해 봐야 합니다.

 주한미군 방위비 분담금 문제는 한국이 세계 경제 10위권에 들어가는 나라에 걸맞는 책임과 경제력과 맞물려 있는 것입니다. 성장된

경제 만큼, 그에 상응하는 태도와 행동을 보여야 하는 것입니다. 그러나 한국 정부는 방위비 분담금 문제만 나오면 세계에서 가장 가난한 나라처럼 행동합니다. 이러한 한국을 미국이 어떻게 받아들일지 생각해 보아야 합니다.

러시아-우크라이나 전쟁에 대한 시각도 한국과 세계, 미국 간에는 큰 차이가 있습니다. 천문학적인 전비의 대부분을 미국이 부담하고 있기 때문에 이 전쟁이 계속되기를 바라고 있는 나라들이 많습니다. 특히 한국과 같은 중간 군사무기 생산능력을 보유한 나라들에겐 이 전쟁이 자국의 방위산업체의 수출의 기회입니다. 그러나 만약 한국의 방위산업체가 수출하는 무기를 모두 무료로 수출한다거나 수출대금을 한국 정부가 업체에게 한국 국민의 세금으로 지불한다면 국민들의 반응은 어떨까요?

김정은을 트럼프 집권 당시 직접 상대했던 트럼프 대통령은 문재인 정권과는 거리를 두었습니다. 이는 비난받을 일이 아니라, 당연한 조치로 봐야 합니다. 트럼프 대통령은 문재인 정권이 한미상호 방위조약을 무시하고 휴전선 남부 국경을 뒤로 물리는 등 동맹국의 책임을 저버린 상황에서 문재인 정권과 상의를 할 수 없었던 것입니다.

트럼프 대통령이 김정은을 직접 상대했던 이유는 문재인 정권이 민족주의에 몰입했기 때문입니다. 민족주의가 심화되면 남북 간의 같은 민족이란 점만 중시하게 되고, 국제적인 협력과 동맹은 뒷전이 됩니다. 이러한 태도는 매우 미성숙하고 불성실한 것으로, 우방 관계를 무시한 것입니다. 하지만 트럼프 대통령은 한국과의 동맹을 중요시하면서, 동시에 김정은과의 직접 대화를 통해 한반도 안보 문제를 해결하려 했던 것입니다.

트럼프 대통령이 주한미군을 철수할 것이라는 주장은 미국의 정치 현실을 제대로 이해하지 못한 발언입니다. 트럼프 대통령은 협상의 달인이며, 정치인으로서의 발언은 협상을 위한 전략적 수사에 불과합니다. 방위비 분담금 협상에서 트럼프 대통령이 미군 철수를 언급한 것은 한국 정부의 태도에 대한 강경한 메시지였을 뿐입니다. 트럼프 대통령은 실제로 미군을 철수하지 않았으며, 오히려 평택에 어마어마한 규모의 미군 시설을 확충했습니다.

한국은 경제적으로 높은 위상을 자랑하지만, 주한 미군 체류비 협상시엔 이에 걸맞지 않은 행동을 보이고 있습니다. 국제무대에서 미국과 마주 앉아 동맹의 책임을 다하는 모습을 보여야 합니다. 일본은 미국이 요구하는 방위비를 전액 부담하겠다고 했으며, 그 이상을 부담할 의사도 밝혔습니다. 이는 일본이 성숙한 국제적 파트너로서 미국과의 동맹관계를 중요시하는 태도입니다.

한국은 앞으로 나아갈 길을 명확히 하고, 미국, 일본 등과의 동맹을 강화하며, 경제력에 걸맞은 역할을 해야 합니다. 그렇게 성숙하고 책임 있는 태도를 통해 한국도 국제사회에서 진정한 의미에서 대우를 받는 나라가 되는 것입니다. 한국이 경제 발전을 자랑하기에 앞서, 그에 상응하는 국제적 책임을 다하는 자세를 가져야 할 것입니다. 한국의 미래와 그 가치를 어디에서 찾아야 하는지를 논의해 보았습니다.

22

MS269. 트럼프 재선 기반 다져준 2023년

2023년이 저물어가고 있습니다. 올해는 미국의 보수 우파 애국 세력이 여러 가지 어려움을 겪으면서도 그 입지를 더욱 단단하게 다진 해로 평가할 수 있을 것입니다.

  트럼프 대통령은 좌파와 민주당에 의해 민·형사소송으로 4건의 기소를 당했으며, 수십 가지의 죄목으로 소송전을 벌이고 있습니다. 그러나 이런 상황이 오히려 트럼프 대통령의 입지를 더욱 강화시켰고, 정치 기부금 액수도 더욱 증가하게 되었습니다. 그보다 더 중요한 것은 이러한 소송과 기소를 통해 민주당의 위선과 억지가 만천하에 드러나면서, 트럼프 대통령의 백악관 재입성이 막연한 기대를 넘어 이제는 재임이 좀 더 확실한 가능성으로 굳어지는 2024년의 발판이 마련된 해였다고 할 수 있습니다.

  한인 2세들의 다수가 미 동부의 명문 학교를 졸업하고 각계에서 활동 중인데, 동부의 학교에서처럼 서부에서도 많은 젊은 세대가 좌파 교육을 받으며 자라났습니다. 이에 따라 많은 2세들이 맹목적으로 민주당과 좌파를 지지하는 경향이 있습니다. 안타까운 점은, 자녀들을 훌륭하게 교육하기 위해 열심히 일하며 돈만 내주면 된다고 생각했던 1세 부모들이 학교에서 자녀들이 어떤 교육을 받는지 잘 모른다는 것입니다. 자녀들이 명문 학교를 졸업하고 똑똑하다고 여기며, 그들의 말이 다 옳다고 생각하지만, 실상은 좌파 교육에 물든 것을 인지하지 못하는 부모들이 많습니다. 이런 이유로 부모들도 자녀들의 영향을 받아 민주당 성향으로 기울어지는 경우가 적지 않습니다.

  최근 메인 주의 국무장관이 트럼프 대통령의 이름을 내년 대선 투표용지에서 제외하겠다고 발표했습니다. 이는 말도 안 되는 행위이고 그렇게 할 수 없을 것입니다. 개인 간에도 누구를 싫어할 수는 있지만, 극도로 혐오하거나 증오하는 것은 문제가 있습니다. 예를 들어, 잘 알지도 못하는 사람을 싫어한다고 소문을 퍼뜨리며 비난하는 것은 인신공격이며, 이는 옳지 않은 행동입니다. 정치에서도 마찬가지로, 특정 정치인이 마음에 들지 않으면 그를 선거에서 뽑지 않으면 되는 것입니다. 하지만 싫어한다고 출마 자격 자체를 박탈해 출마조차 못 하게 하는 것은 매우 사악한 행위이며, 명백한 위헌행위입니다.

대통령은 국민을 이끌 리더를 뽑는 자리이지, 단순한 실무자를 뽑는 것이 아닙니다. 실무자들에게는 특정 자격 요건이 필요하지만, 대통령 후보는 특별한 자격이 필요 없습니다. 미국의 경우, 대통령 후보는 미국에서 태어난 35세 이상의 성인이면, 심지어 감옥에 있는 사람도 누구나 대통령 후보가 될 수 있습니다. 이러한 상황에서 민주당의 일부 골수 좌파들이 트럼프의 출마 자격을 문제 삼아 출마 기회 자체를 없애버리려는 시도가 얼마나 부당한지 점점 더 드러나고 있습니다.

2024년 대선을 앞두고 민주당이 펼치고 있는 교활한 선거 전술을 보면서, 트럼프 대통령의 재선 가능성이 점점 더 확실해지고 있다는 자신감이 생깁니다. 2020년과 같은 팬데믹 상황을 만들어낼 수도 없고, 무엇보다 중요한 것은 젊은 층이 민주당을 떠나고 있다는 점입니다. 민주당이 아무리 거짓 선동을 해도 한계에 다다른 것입니다. 2016년 힐러리 클린턴과의 대결, 2020년 바이든과의 대결에서 민주당이 트럼프 대통령을 공격한 내용은 거의 동일했습니다. 트럼프는 독재자라거나, 세계 3차 대전을 일으킬 것이라는 등의 말도 안 되는 거짓말을 퍼뜨렸지만, 이제는 그 거짓말이 통하지 않고 있습니다.

트럼프 대통령을 싫어하는 그룹은 단지 좌파와 민주당뿐만 아니라 빅테크, 대기업, 제약회사, 군산복합체 등도 포함됩니다. 트럼프 대통령은 이미 엄청난 부자이기 때문에, 정치적 권력을 이용해 개인적인 부를 축적할 필요가 없습니다. 그러나 클린턴, 오바마, 바이든 같은 정치인들은 모두 무일푼으로 정계에 들어가서 부자가 된 경우입니다. 이들은 자신들의 영향력을 도구 삼아 로비 회사들과 기업들의 돈을 받아 재산을 축적한 것입니다. 그러나 트럼프 대통령은 이미 부자로서 로비 회사나 대기업의 금력에 전혀 영향을 받지 않으며, 오로지 미국과 세계를 위해 옳은 일을 추구합니다.

이제 미국의 민주당 유권자들도 이를 점차 깨닫기 시작했습니다. 민주당의 기본 지지층이 무너지면서, 트럼프 대통령의 재선 가능성은 더욱 확실해지고 있습니다. 특히 2023년은 수많은 기소와 소송에도 불구하고, 트럼프 대통령의 백악관 재입성 가능성을 더 확고히 다지는 한 해가 되었습니다.

물론 민주당이 선거에서 다양한 방법을 시도할 가능성은 있습니다. 하지만 미국은 기본적으로 50개 주가 공화당 주와 민주당 주로 나뉘어 있으며, 어떤 방법을 쓰더라도 기본적으로 공화당 주는 공화당 후보를 뽑고 민주당 주는 민주당을 뽑습니다. 문제는 선거 때마다 민주 공화 양당 후보들 중 하나를 번갈아 뽑는 스윙 스테이트인데 트럼프 대통령은 스윙 스테이트 선거에 적용할 새로운 전략을 세우고 있으며, 사전투표, 우편투표, 발렛 하베스팅 등의 방법을 적극적으로 활용할 계획입니다. 이를 통해 내년에는 보수 우파가 득세하고, 트럼프 대통령의 백악관 재입성이 가능할 것으로 보입니다. 2023년도 얼마 남지 않았습니다. 여러분 모두 이 해를 잘 마무리하시고, 새해에는 새로운마음으로 새 출발을 하는 한 해가 되기를 기원합니다.

23

MS270. 왜 트럼프가 2024년 대선에서 재선될까?

올해는 미국 대선이 있는 해입니다. 올 11월에 있을 대선에서 트럼프 대통령이 단순한 승리를 넘어, 엄청난 표 차이로 압승할 것으로 예측되고 있습니다. 영어로 'landslide'라고 표현되는 바로 압승으로, 트럼프 대통령이 대선에서 완전히 승리할 가능성을 시사합니다.

작년 말까지 미국 주요 설문조사 기관들이 트럼프와 바이든의 당선 가능성을 조사한 결과를 모두 통합하여 평균을 낸 결과입니다. 미국의 50개 주 중 약 30개 주는 공화당 우세 주, 약 20개 주는 민주당 우세 주로 구분됩니다. 주로 동부와 서부 해안 지역의 주들이 민주당 우세 주이고, 내륙 주들이 공화당 우세 주입니다. 그러나 이번 선거에서는 민주당 우세 주 중 약 절반에 해당하는 10개 주가 트럼프를 지지할 것으로 예측되고 있습니다.

미국 대통령 선거의 선거인단 총수는 538명입니다(2020년 기준). 이 중 270표를 확보한 후보가 대통령에 당선되는데, 많은 기관들은 바이든이 약 170~180표를 얻는 데 그칠 것으로 보고 있습니다. 반면, 트럼프 대통령은 당선에 필요한 270표를 훨씬 초과하는 약 360표 이상을 확보하여 완전한 'landslide'의 승리가 될 것으로 예측됩니다.

그렇다면, 왜 거의 모든 설문조사 기관들이 트럼프의 압승을 예측할까요? 이는 민주당이 한계에 다다랐음을 보여줍니다. 민주당과 공화당의 정치 철학을 비교해 보면, 공화당은 정치 철학이 뚜렷한 반면, 민주당은 정치 철학이 부족합니다. 공화당은 유대 기독교적 가치를 바탕으로 하여, 개인의 권리와 작은 정부를 추구하는 당입니다. 따라서 공화당은 감세 정책을 통해 정부 권력을 최소화하고, 개인의 자유를 극대화하는 정치를 펼칩니다. 애국주의를 강조하며, 실력과 능력을 중시하는 사회를 추구하는 것이 공화당의 철학입니다.

반면, 민주당은 소수자의 권익을 중시한다는 주장 이외에는 뚜렷한 정치 철학이 없습니다. 민주당은 성소수자, 인종적 소수자 등 소수 집단을 끌어모아 권력을 유지하는 전략을 사용해 왔습니다. 그러나 이러한 전략이 한계에 다다랐습니다. 예를 들어, 여성의 권리를 과도하게 주장하는 페미니스트 그룹과 LGBTQ 그룹 간의 충돌이 발생하고 있습니다. 남성이 성전환 후 여성 스포츠에서 금메달을 차지하는 상황이 발생하면서, 일반 여성들까지도 민주당의 무조건적인 소수 우대 정책에 반발하고 있습니다.

이스라엘-하마스 문제에서도 민주당 입장은, 하마스가 자행한 끔찍한 행위에 대해서도 소수라는 이유로 계속 지지를 표명하는 일부 민주당 의원들의 태도는 많은 비판을 받고 있습니다.

민주당은 스페셜 인터레스트 그룹(특정한 그룹의 권익만을 로비를 통해서 옹호하고 그들을 도와주는 법을 만들어서 관철시키는 그룹)과 마이너리티를 통해 권력을 유지하려 했지만, 이러한 전략이 더 이상 유효하지 않음을 보여주고 있습니다. 이번 선거에서도 투표나 개표 과정에서 꼼수를 시도할 가능성이 있지만, 기본적인 지지층의 결집이 약화되면서 이러한 전략도 큰 효과를 발휘하지 못할 것으로 예상됩니다. 특히 젊은 층이 이미 민주당을 떠나고 있으며, 18세에서 35세 사이의 젊은 유권자들이 공화당을 지지할 가능성이 높아지고 있습니다.

더 놀라운 것은 좌파 언론인들 중에서도 트럼프를 지지하는 목소리가 나오고 있다는 점입니다. 전 CNN 앵커였던 크리스 쿠오모는 자신의 팟캐스트에서 민주당 정책을 이해할 수 없다며 트럼프를 지지할 가능성을 시사했습니다. 또한, 평생 골수 좌파였던 코미디언 마이클 래퍼포트도 바이든과 민주당을 강하게 비판하며, 트럼프의 정책이 바이든보다 훨씬 낫다고 언급했습니다.

트럼프 대통령은 이미 4년 동안 대통령직을 훌륭히 수행했으며, 바이든의 3년과 비교되면서 그가 추진한 정책들이 재조명되고 있습니다. 트럼프 대통령은 자신의 임기 동안 새로운 전쟁을 일으키지 않았으며, 오히려 민주당이 일으킨 전쟁을 마무리했습니다. 경제적으로도 트럼프 대통령 임기 동안 미국은 실업률 2%대의 완전 고용 상태에 도달했으며, 인플레이션율은 1%대로 낮아졌습니다. 반면, 바이든 대통령이 집권한 후 인플레이션이 급격히 상승하며 초고물가로 인해 미국의 경제는 혼란을 겪고 있습니다.

이러한 이유로 인해, 2024년 대선에서는 보수 우파가 득세하고, 트럼프 대통령이 백악관에 재입성할 가능성이 높습니다. 올해는 미국과 세계를 바로잡는 중요한 해가 될 것으로 기대됩니다. 감사합니다. 또 뵙겠습니다.

24

MS272. 민주당을 떠나는 미국의 젊은이들

미국 민주당의 전통적인 지지층은 젊은 층과 소수 계층에 속하는 유권자들입니다. 그러나 최근 조사 결과, 이 젊은 층들이 미국 민주당을 떠나고 있는 것으로 나타났습니다.

NBC 방송은 2020년 미국 대선에서 바이든을 지지했던 만 18세에서 34세의 젊은 유권자들을 대상으로 한 설문조사 결과를 발표했습니다. 기사 제목은 "Young voters explain why they're bailing on Biden - and whether they'd come back"으로, 여기서 'bail on'은 '떠나다, 상대하는 것을 포기한다'는 뜻을 담고 있습니다. 이 기사에서는 젊은 유권자들이 왜 바이든을 떠나는지, 그리고 그들이 과연 돌아올 가능성이 있는지에 대해 다루고 있습니다.

기사를 읽어보면, 캘리포니아, 위스콘신, 펜실베이니아 등 여러 지역에서 바이든을 지지했던 젊은이들과의 인터뷰 내용이 소개됩니다. 그중에는 더 이상 선거에 신경도 쓰고 싶지 않다는 의견을 가진 사람도 있고, 위스콘신주 매디슨시에 거주하며 스타벅스에서 근무하고 노조 결성을 주도하는 맥켄지라는 청년도 있습니다. 위스콘신주는 민주당과 공화당이 접전을 벌일 가능성이 큰 스윙 스테이트로 매우 중요한 지역입니다. 맥켄지는 2020년에 바이든을 지지했던 자신이 싫다며, 자신은 이번 선거에서 제3의 인디펜던트 후보를 지지할 것이라고 밝혔습니다. 그는 바이든에게 완전히 속았다고 말합니다.

NBC가 조사한 바이든과 트럼프의 선호도 결과를 보면, 가장 오른쪽의 '바이든 어드밴티지' 항목에서 바이든의 지지율이 연말에 급격히 하락해 트럼프보다 4% 뒤처지는 것을 확인할 수 있습니다. 또한, NBC 뉴스는 민주당이 직접 운영하는 통계 및 설문조사 기관인 HIT Strategies에서 시니어 리서처 겸 시니어 애널리스트로 근무하고 있는 애실리 월드와의 인터뷰 내용을 보도했습니다. 이 인터뷰에서 월드는 바이든의 인기가 급락하면서 민주당 전체가 비상사태에 처했다고 말했습니다. 바이든의 인기가 하락하면서 다른 후보들의 지지율도 함께 떨어질 수밖에 없다는 것입니다. 이는 상·하원 선거뿐만 아니라 주지사 선거에도 영향을 미칠 수 있습니다.

그렇다면, 왜 젊은 층이 민주당과 바이든에 대해 이렇게 반감을 가지게 되었을까요? NBC 뉴스에 따르면, 젊은 유권자들이 민주당을 떠나는 이유는 다음과 같습니다.

첫 번째 이유는 기후변화입니다. (민주당 정치인들이 주장하는 기후변화의 심각성에 대한 허구성을 다룬 마이클 심 TV 영상 222회를 추천해 드립니다.) 이 젊은이들은 기후변화가 심각하다고 주장하는 민주당이 정작 아무런 행동을 하지 않자 화가 난 것입니다.

두 번째 이유는 학자금 대출 탕감 문제입니다. 바이든은 선거 공약으로 대학 학자금 대출을 탕감해 주겠다고 약속했으나, 이는 미 연방 대법원에서 위헌 판정을 받았습니다. 남의 돈을 빌려 간 것을 대통령이 탕감해 줄 수 없다는 것이 이유입니다.

세 번째 이유는 이스라엘과 하마스 전쟁에 대한 바이든과 민주당의 태도입니다. 민주당은 소수자를 편들어 왔기 때문에, 젊은이들은 민주당이 팔레스타인 편을 들어야 한다고 생각하지만, 미국 정부는 이스라엘을 지지하고 있습니다. 이로 인해 젊은이들은 민주당의 위선을 깨닫게 되었습니다.

네 번째 이유는 Roe v. Wade 판결을 법으로 제도화하겠다는 바이든의 공약 실패입니다. 국회에서 법으로 명문화하려 했으나, 이는 실패로 돌아갔습니다. Roe v. Wade 문제는 미국 정치에서 50년 동안 중요한 이슈였으며, 이를 이해하려면 마이클 심 TV 영상 127회를 시청해 보시길 권합니다.

다섯 번째 이유는 필리버스터(Filibuster) 규정을 60% 동의에서 50% 동의로 바꾸겠다는 바이든의 공약 실패입니다. 필리버스터는 상원에서 법안 처리를 지연시키는 전략으로, 이를 중단시키려면 60% 이상의 동의가 필요합니다. 그러나 민주당 의원들도 이 규정을 바꾸는 것에 동의하지 않았습니다.

여섯 번째 이유는 고물가입니다. 인플레이션이 심각하게 상승하였고, 이는 바이든의 환경 정책 때문이라는 비판을 받고 있습니다. 바이든은 국내 오일 생산을 중단하면서 물가가 급등하게 했습니다.

민주당이 그동안 유권자들을 기만해 온 것이 한꺼번에 드러나고 불만이 표출되고 있는 것입니다. 바이든 선거운동 본부의 자원봉사자들이 무더기로 사표를 내고 그만두고 있다는 보도도 있습니다. 이는 민주당에 대한 실망감이 얼마나 큰지를 보여줍니다. 민주당이 오랜 기간 주장해 온 약자와 소수자를 위한 정책이 위선으로 드러나면서, 결국 민주당이 소수당으로 전락할 가능성이 커지고 있습니다. 이제 미국의 젊은이들이 눈을 뜨기 시작한 것입니다.

오늘은 왜 미국의 젊은이들이 민주당을 떠나고 있는지에 대해 이야기해 보았습니다.

25

MS291. 잘 안 먹히는 Virtual Politics.
다급한 미 민주당

오늘은 미국 민주당이 벌이고 있는 "Virtual Politics"에 대해 말씀드리려고 합니다.

여러분께서도 살아오면서 다양한 경험을 해보셨을 것입니다. 좋은 경험도 있을 수 있고, 나쁜 경험도 있을 수 있습니다. 금전적으로 사기를 당할 수도 있고, 철석같이 믿었던 친구나 친척, 심지어는 가족 중에서도 내 경제력이나 영향력이 탐이 나서 겉으로는 잘해주면서도 뒤로는 비판을 일삼는 사람을 만난 적이 있을 수도 있습니다. 그런데 그 비판이 단순한 비판을 넘어, 전혀 존재하지 않는 이야기를 마치 소설처럼 꾸며내어 그것을 마치 사실인 것처럼 반복적으로 다른 사람들에게 이야기하고 다니는 사람이 있다고 생각해 보십시오. 그 조작된 거짓말을 믿는 사람들이 나를 나쁘게 보고, 그 거짓말을 퍼뜨리고 다니는 사람에겐 오히려 알려줘서 고맙다고 하는 상황을 상상해 보십시오. 이것이 바로 현재 미국 민주당이 벌이고 있는 'Virtual Politics'입니다.

'Virtual Politics'란, 전혀 존재하지 않는 일을 마치 실제로 존재하는 것처럼 미디어를 통해 반복적으로 쟁점화하고, 이를 통해 유권자들의 의견을 조작하여 여론을 조성하는 정치적 전술을 말합니다. 나치 독일 당시, 독일 국민을 환상과 거짓의 세계로 몰아넣어 나라를 패망으로 이끌었던 히틀러의 선전·선동과 북한의 김씨 왕조와 같이 거짓말을 한두 번 하고 말면 거짓말이지만, 같은 거짓말을 천 번, 만 번, 십만 번 반복하면 그것이 사실이 되는 것입니다. 현재 미국에서 사회주의 운동원들이 장악하고 있는 언론들이 이와 유사한 전술을 사용하고 있습니다. 최근에는 민주당의 거물급 정치인이 지난 8년 전에 사용했던 똑같은 거짓말을 다시 선동하기 시작했습니다. 그 내용은 트럼프가 러시아와 관련이 있다는, 마치 트럼프가 러시아의 간첩이라는 식의 허위 주장입니다. 힐러리가 8년 전에 사용했던 이 거짓말이 다시 등장하고 있습니다.

최근에 다시 이 주장을 시작한 사람은 다름 아닌 전 하원의장인 낸시 펠로시입니다. 전 백악관 수석 대변인이었으나, 거짓말을 너무 많이 해야 했기 때문에 그만두고 MSNBC의 앵커가 된 젠 사키(Jen Psaki)가 진행하는 프로그램에 낸시 펠로시가 출연하여 트럼프와 러시아의 연계설을 다시 이야기하는 것을 보고 저는 귀를 의심했습니다. 트럼프 대통령이 2주 전에 NATO 연합군의 방위비를 제대로 분담하지 않는 국가들은 러시아가 공격해도 미국이 막아줄 필요가 없다는 정치적인 표현을 한 것을 빌미로, 펠로시는 트럼프가 유럽의 나토 국가를 러시아에 공격하라고 부추긴다며, 트럼프가 푸틴과 어떤 관계가 있다는 식으로 다시 러시아 간첩설을 제기한 것입니다.

낸시 펠로시의 아버지는 메릴랜드주 볼티모어 시장을 역임했던 인물로, 마피아와의 연계를 통해 정치적 영향력을 행사했던 인물입니다. 펠로시는 아버지로부터 이러한 수법을 배운 것인지, 완전히 거짓말로 가득 찬 이야기를 다시 꺼내 들고 있습니다. 트럼프 대통령이 러시아와 관련이 있다는 의혹은 이미 FBI가 3년에 걸쳐 조사한 결과 아무런 근거가 없다고 결론이 난 사안입니다. 특검까지 실시했으나 이 역시 트럼프의 무죄를 입증했습니다. 그럼에도 불구하고, 이 허위 주장을 다시 시작하는 이유는 여전히 이를 믿는 사람들이 있기 때문입니다.

저와 개인적으로 친분이 있는 소위 미국의 지식인들, 대학 교수들조차도 이러한 거짓 뉴스의 세부 내용을 잘 모릅니다. 그들 대부분 민주당 성향이기 때문에 CNN이나 MSNBC 같은 좌파 언론만 시청하기 때문에 진실을 접할 기회가 거의 없습니다. 따라서 트럼프가 러시아와 연계되어 있다는 의혹에 대해 여전히 의심을 품고 있는 것입니다. 이러한 사람들은 힐러리가 돈을 주고, 은퇴한 영국 MI 6 스파이 출신을 시켜 만들어낸 가짜 정보 만들어 내서 꾸민 문서를 바탕으로 트럼프를 공격한 사건의 세부 사항에 대해 잘 알지 못합니다.

민주당 지지자들은 몇 가지 부류로 나눌 수 있습니다. 첫 번째 부류는 정말로 순수한 사람들입니다. 뉴스가 거짓말을 할 리 없다고 믿으며 모든 것을 받아들입니다. 두 번째 부류는 통찰력이 부족한 사람들입니다. 이들은 8년 동안 지속된 트럼프에 대한 거짓말에도 아무런 의심을 품지 않으며, 상황의 모순을 인지하지 못합니다. 세 번째 부류는 진실을 알면서도 모른 척하는 사람들입니다. 이들은 주변이 모두 민주당 지지자이기 때문에, 진실을 말하면 골치 아파질 것을 우려해 입을 다물고 있습니다. 마지막으로 가장 나쁜 부류는 바로 민주당 정치인들입니다. 이들은 거짓말임을 알면서도, 이를 진짜인 것처럼 계속 떠들고 다닙니다. 낸시 펠로시나 힐러리 클린턴 같은 인물들이 바로 이 부류에 속합니다.

만약 아직도 민주당의 거짓말에 빠져나오지 못한 사람이 있다면, 트럼프 대통령처럼 자신의 돈을 잃어가면서도 워싱턴의 부패한 세력과 싸우고 있는 사람을 의심하는 사람들이 있다면, 이젠 깨어나야 합니다. 미국에서도 실제로 일을 하며 직업이 있고 열심히 사는 사람들은 트럼프 대통령을 지지하는 경우가 많습니다. 그들은 본능적으로 무엇이 진실인지, 어떤 정치인이 위선자인지를 알기 때문입니다.

여러분은 트럼프 대통령에 대한 의심을 거두고, 언론이 퍼뜨리는 거짓 선동에 현혹되지 않기를 바랍니다. 만약 주변에 이러한 선동에 빠져 있는 사람들이 있다면, 마이클 심 TV를 소개하고, 이 영상을 권유해 주시기 바랍니다.

26

MS294. 미 대법원 9대0 만장일치 판결.
트럼프 대선 명단서 제외 불가

미연방 대법원이 9대0 만장일치로 트럼프 대통령의 후보 이름을 각 주의 대선 투표용지에서 제외할 수 없다는 판결을 내렸습니다. 이에 따라 좌파와 민주당은 완전히 패닉 상태에 이르고 있습니다. 제가 주말에 올린 영상에서 트럼프 대통령이 1.6 의회 난입 사건과 관련해 대통령 면책특권 여부를 대법원에 항소심으로 신청한 것을 받아들였다고 말씀드렸습니다. 그와 함께 각 주에서 트럼프 대통령의 이름을 투표용지에서 제외하려는 시도도 연방 대법원이 심의할 가능성이 매우 높다고 예측했었습니다. 저는 이 판결이 1~2개월 정도 걸릴 것으로 예상했으나, 대법원은 바로 월요일인 3월 4일에 판결을 내렸습니다. 연방 대법원은 주가 연방직, 특히 대통령직을 선출하는 데 있어서 특정 후보의 이름을 투표용지에서 제외할 권한이 없으며, 오직 이 권한은 연방 의회에만 있다고 판결했습니다. 이 판결은 9대0 만장일치로 이루어졌습니다.

현재 미국 연방 대법원은 민주당 좌파 성향의 법관 3명과 공화당 우파 성향의 법관 6명으로 구성되어 있습니다. 그런데 이번 판결에서 만장일치가 나왔다는 것은 매우 이례적인 일입니다. 특히, 바이든이 임명한 잭슨 흑인 여성 법관보다 더 좌파 성향을 가진 소토마이어 대법관조차도 이 판결에 찬성한 것은 매우 의미심장합니다. 이에 따라 좌파들은 완전히 망연자실하게 되었습니다. MSNBC의 극좌파 앵커는 대법원 판결 이후, "이제 국민이 마지막으로 투표로 선택하는 수밖에 없다"라고 말했습니다. 대법원도, 민주당 주의 국무장관도, 검찰도 믿을 수 없다고 이야기하며, 마치 국민이 선택할 수 있는 권한을 박탈하려 했던 것처럼 이야기하고 있습니다. 이는 좌파들의 음모가 드러난 것이라고 할 수 있습니다.

　CNN의 데이나 배시(Dana Bash)는 "불행히도 이것이 원래 미국 헌법의 정신이다"라고 말함으로써 민주당이 트럼프를 명단에서 제외하려는 시도가 위헌인 줄 이미 알면서 시도한 것임을 인정했습니다. 이는 좌파 민주당이 반대 당의 트럼프가 다시 재선될 가능성이 높아 보이자, 아예 출마를 차단하려고 수단 방법 가리지 않고 시도한 것입니다.

　민주당이 주장하는 민주주의는 국민이 원하는 대표를 뽑아 그 나라의 리더로 만드는 것이 아니라, 오직 자신들이 원하는 사람만이 당선되어야 한다는 것입니다. 그렇지 않으면 편법과 수단을 동원해 이를 막으려 하는 것이 민주당의 실체입니다. 이러한 행태는 미국뿐만 아니라 전 세계의 좌파 정당들이 흔히 보이는 사고방식입니다. 따라서 '민주주의'라는 말을 자주 사용하는 정당이나 정치인들을 경계해야 합니다. 예를 들어, 북한도 '조선민주주의인민공화국'이라는 국호를 사용하고 있습니다. 우리가 생각하는 민주주의와 좌파들이 주장하는 민주주의는 완전히 다른 개념입니다. 좌파들이 말하는 민주주의는 자신들의 마음대로 하는 것이며, 그것이 이루어지지 않으면 민주주의가 파괴되었다고 주장하는 것입니다.

트럼프 대통령은 대법원의 9대0 만장일치 판결이 나온 후, 성명문을 발표했습니다. 그는 "오늘은 우리나라에 매우 기쁜 날이다"라고 언급하며, 1.6 의회 난입 사건에 대한 대통령 면책특권 심의도 곧 있기를 바란다고 덧붙였습니다. 이번 판결로 트럼프 대통령이 백악관 재입성을 향해 한 걸음 더 나아가는 중요한 날이 되었습니다. 감사합니다. 또 뵙겠습니다.

27

MS299. 트럼프, 미 역사 재현하는 대통령 되나

미국 역사상 대통령직을 연임하지 않고 한 대를 건너뛰어 두 번 재임한 대통령은 단 한 명뿐입니다. 1890년대의 그로버 클리블랜드 대통령이 미국의 22대와 24대 대통령을 역임한 사례입니다. 제가 지난 3년 동안, 트럼프 대통령이 백악관을 떠난 이후로 2021년부터 줄곧 말씀드려온 바는, 트럼프 대통령이 미국 역사상 두 번째로 한 대를 건너뛰어 재임하는 대통령이 될 것이라는 점입니다. 최근 일어나는 여러 현상과 통계 수치는 이러한 가능성을 더욱 뒷받침하고 있습니다. 왜 이번 대선에서 트럼프가 바이든을 큰 표 차이로 이길 것이라고 좌파 언론조차도 예측할까요?

월스트리트 저널이 3월 17일부터 24일까지 실시한 설문조사 결과에 따르면, "Trump Leads Biden in Six of Seven Swing States, WSJ Poll Finds"라는 제목으로, 트럼프가 7개의 스윙 스테이트 중 6곳에서 바이든을 앞서고 있다고 보도했습니다.

펜실베이니아에서는 트럼프가 44% 대 47%로 3% 앞서고 있으며, 미시간에서는 45% 대 48%로 3%, 애리조나에서는 42% 대 47%로

5% 차이를 보이고 있습니다. 조지아는 43% 대 44%, 네바다는 44% 대 48%, 노스캐롤라이나는 43% 대 49%로, 트럼프가 바이든을 앞서고 있습니다. 위스콘신은 46% 대 46%로 동률을 기록하고 있습니다. 미국은 50개 주 중 약 30개 주가 공화당 성향을 보이며, 20개 주가 민주당 성향을 보입니다. 이 주중에는 공화당 또는 민주당 어느쪽도 지지하지 않는 주들이 약 7개 있습니다. 이러한 주들을 '스윙 스테이트'라고 부르며, 이들 주에서의 승리가 대선 결과에 결정적인 영향을 미칩니다.

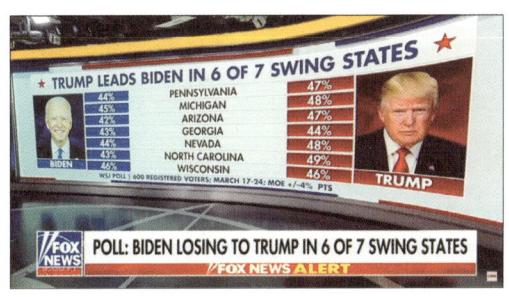

역사는 반복된다고 합니다. 1890년대에 22대와 24대 대통령을 역임한 그로버 클리블랜드 대통령은 남북전쟁 이후, 1933년 루스벨트 대통령이 민주당 대통령으로 당선되기까지 거의 70년 동안 공화당 대통령이 미국을 이끌었던 시기에 재임했습니다. 그 당시에도 민주당 대통령이 2명이 있었는데, 그중 한 명이 바로 그로버 클리블랜드였으며, 다른 한 명은 우드로 윌슨 대통령으로, 이승만 대통령의 스승이기도 합니다.

클리블랜드 대통령이 공화당이 지배하는 시기에 한 대를 건너뛰어 재임할 수 있었던 이유는, 공화당이 계속해서 집권하면서 정치적 담합과 부패가 심화하였기 때문입니다. 남북전쟁이 끝난 후, 공화당은 전쟁을 통해 형성된 막대한 군의 재정을 계속해서 유지하며, 내부적으로 정치적 담합을 강화했습니다. 이러한 상황에 실망한 공화당 유권자들은 민주당 후보였던 클리블랜드를 지지하게 되었고, 그 결과 그는 1대를 건너뛰어 재임할 수 있었습니다.

오늘날의 상황도 유사합니다. 현재 민주당이 집권하고 있으며, 좌파 성향이 강한 정책들이 계속해서 이어지고 있습니다. 2016년 트럼프 대통령은 "미국을 다시 위대하게"(Make America Great Again)라는 구호와 함께 "아메리카 퍼스트"(America First)라는 정책을 내세우며 등장했습니다. 그는 글로벌리즘 정책이 더 이상 효과적이지 않으며, 미국의 외교정책은 미국의 이익을 우선으로 하는 방향으로 전환되어야 한다고 주장했습니다.

트럼프의 이러한 반글로벌리즘적 주장은 많은 미국인들에게 호응을 얻었으며, 2024년 대선에서 그의 재임 가능성을 높이고 있습니다. 특히, 오하이오와 중서부의 러스트벨트 지역에서 많은 민주당 유권자들이 트럼프를 지지하며 공화당으로 돌아섰습니다. 2020년 대선에서 팬데믹과 여러 정치적 혼란으로 인해 트럼프의 승리가 빼앗겼지만, 이번 2024년 대선에서는 많은 민주당 유권자들이 민주당에 등을 돌리고 트럼프를 지지하고 있습니다.

트럼프 대통령이 2024년에 당선된다면, 그는 미국 역사상 한 대를 건너뛰어 재임하는 두 번째 대통령이 될 가능성이 큽니다. 트럼프가 1대를 건너뛰어 재임하게 된다면, 그동안의 경험을 바탕으로 더욱 강력한 리더십을 발휘할 수 있을 것입니다.

　버지니아주 헌법은 주지사가 연임하는 것을 금지하고, 한 대를 건너뛰어 재임할 수 있도록 하고 있습니다. 이와 같은 헌법을 가진 주도 있다는 점을 볼때, 한 대를 건너뛰어 재임하는 것이 미국 정치에서 새로운 가능성을 열 수 있음을 시사합니다.

28

MS311. 트럼프 국가기밀 문서 재판,
검찰이 증거 조작 인정

바이든 좌파 정권하의 현 미 법무부와 FBI는 트럼프 대통령이 국가기밀 서류를 불법으로 유출해 소지하고 있다고 주장하며, 플로리다에 있는 트럼프 대통령의 별장을 급습해 서류 수십 박스를 압수했습니다. 이를 증거로 삼아 트럼프 대통령을 형사 기소하고, 현재 재판이 진행 중입니다. 그러나 이 재판 자체가 완전히 엉터리이며, 조작된 증거로 인해 무효로 끝날 가능성이 높아졌습니다.

워싱턴 포스트는 "Judge indefinitely delays Trump's classified documents trial in Florida"라는 제목의 기사를 통해, 플로리다에서 진행 중인 트럼프의 기밀 서류 재판을 판사가 무기한 연기했다고 보도했습니다. 트럼프 대통령의 별장을 급습한 것은 2022년 8월이었는데, 당시부터 저는 이것이 민주당의 정치쇼에 불과하며 말이 안 되는 억지라고 지속적으로 말해왔습니다. 그 이유는 미국 대통령은 기밀 해제권을 가지고 있기 때문입니다. 이 권한은 대통령에게만 주어져 있으며, 부통령도 가지고 있지 않습니다. 따라서 백악관에서 서류 박스를 가지고 나갈 때, 대통령이 "이것은 기밀해제"라고 명령하면 해당 서류는 더 이상 국가 기밀 문서가 아니게 됩니다.

이러한 절차를 통해 서류를 가지고 나간 트럼프 대통령은 여러 번 자신의 정당성을 주장했습니다. 그러나 일반인들은 이러한 사실을 잘 알지 못하기 때문에, 바이든 일당과 민주당 좌파들은 언론을 통해 이 사건을 부각해 트럼프 대통령에게 나쁜 인상을 주려 했습니다. 그렇다면 이번 사건이 어떻게 들통나게 되었을까요?

트럼프 대통령의 집을 수색하던 FBI의 활동이 뉴스에 보도되었을 때, 기밀 서류가 땅바닥에 흩어져 있는 사진을 언론에 흘렸습니다. 이 사진을 보는 이로 하여금, 트럼프가 기밀 서류를 소홀히 다룬다고 생각하도록 유도한 것이죠. 그러나 실제로는 FBI가 이 서류를 가지고 와서 일부러 흩어놓은 것입니다. 이러한 가짜 증거를 이유로 트럼프를 기소하고, 법원에 소장을 제출한 것입니다. 바이든의 법무부가 임명한 특검 잭 스미스와 그의 보조 검사들이 트럼프 대통령을 기소하며 제출한 서류 중 일부는 트럼프 대통령의 집에 없었던 서류로 밝혀졌습니다. 이는 FBI가 어디선가 가져와서 트럼프의 집에 두고, 이를 증거로 제출한 것이라고 볼 수밖에 없는 것입니다.

이 모든 것이 조작된 증거라는 사실이 드러난 것입니다. 바이든이 어디까지 이 사건에 직접 개입했는지는 알 수 없지만, 결국 꼬리가 길면 밟힌다고, 이번 사건이 만천하에 드러나게 되었습니다. 많은 언론이 이번 재판이 연기되었다는 기사들만 내보내고 있지만, 그 이유에 대해서는 제대로 보도하지 않고 있습니다. 특히 텔레비전 뉴스에서는 이 사건을 다루지 않거나, 연기 자체가 이례적이라며 오히려 의문을 제기하는 식으로 보도하고 있습니다.

  판사가 재판을 무기한 연기한 이유는, 지금 당장이라도 이 재판을 무효화할 수 있지만, 증거 조작과 같은 행위를 충분히 밝히기 위해 모든 증거를 수집하고 있기 때문으로 보입니다. 감사합니다. 또 뵙겠습니다.

29

MS316. 실리콘 밸리에 부는 변화의 물결

미국 빅테크의 본거지이자 민주당의 전통적인 지지 기반인 실리콘 밸리에서 트럼프 지지의 강력한 물결이 일고 있습니다. 실리콘밸리의 벤처 캐피탈리스트들이 모여 다음 달 트럼프 선거를 위한 대규모 모금 운동 펀드레이징 이벤트를 발표했습니다. 이는 실리콘밸리에서 일어나고 있는 변화의 단면을 보여줍니다.

뉴욕 포스트는 "Silicon Valley investors embrace Trump after years of leaning left: Impossible to support Biden"이라는 제목의 기사를 통해, 오랜 기간 좌파 성향을 보였던 실리콘밸리의 투자자들이 이제는 바이든을 지지하는 것이 더 이상 불가능하다며 트럼프를 지지하고 있다는 소식을 전했습니다.

기사에 따르면, 디너 이벤트의 티켓 가격은 최소 5만 달러에 달하며, 트럼프와 가까운 좌석에서 사진을 찍을 수 있는 자리의 가격은 1인당 30만 달러, 부부가 참가할 경우 50만 달러에 이릅니다. 이러한 거액의 이벤트는 또 있습니다.

몇 주 후, 남캘리포니아의 뉴포트 비치에서는 디펜스 그룹을 창립

한 퍼머 럭키가 유사한 규모의 디너 이벤트를 개최할 예정입니다. 이처럼 빅테크에 거액을 투자하는 투자자들이 바이든에 대한 불만을 드러내며 트럼프 지지로 돌아서고 있습니다. 예를 들어, 제이콥 헬벅은 2020년 대선에서 바이든에게 수십만 달러를 기부했으나, 이번 대선에서는 트럼프에게 100만 달러를 기부하겠다고 약속했습니다. 그가 트럼프를 지지하게 된 이유로는 트럼프의 남부 국경 정책과 이민정책, 친이스라엘 정책, 그리고 반중 정책을 꼽았습니다. 이러한 정책들이 바로 그가 원하는 것들이며, 바이든의 정책과는 정반대라고 설명합니다.

헬벅에 따르면, 8년 전만 해도 실리콘밸리에서 트럼프를 지지한다고 말하는 것은 거의 미친 사람 취급을 받는 일이었으나, 현재는 상황이 완전히 달라졌다고 합니다. 실리콘밸리의 문화가 변화하고 있는 것입니다.

"Tech billionaire Peter Thiel explains why he supports Trump"라는 주제로 PBS가 방송한 내용에서도 빅테크 억만장자인

피터 티엘이 왜 트럼프를 지지하는지 설명하고 있습니다. 기업가들은 자신의 노력과 기발한 아이디어를 바탕으로 테크놀로지, 특히 AI 분야에서 지속적인 투자를 통해 성공을 이루려 노력하지만, 민주당 정권은 이들이 번 돈을 지나치게 많이 세금으로 거둬들입니다. 이는 기업가들이 가장 큰 불만을 가지는 부분입니다. 기업들이 성장을 이루기 위해서는 정부의 보조가 필요할 뿐만 아니라, 번 돈을 빼앗기지 않고 재투자할 수 있는 환경이 조성되어야 합니다. 트럼프처럼 기업의 세금을 줄이고, 기업 활동을 용이하게 만드는 정책이 기업가들에게는 더 맞는 것입니다.

민주당은 약자를 돕는다는 명분을 내세우며 정치 활동을 해왔지만, 실제로 민주당 정치인들은 무일푼으로 정치판에 뛰어들어 거부가 된 인물들이 대부분입니다. 힐러리 클린턴 부부, 오바마, 바이든 등이 그 예입니다. 이들은 학교 졸업 후 제대로 된 일자리를 가져본 적도 없이 정치에 나가면서 빌리어네어가 된 사람들입니다. 기업가들은 이들이 자신들을 도와줄 것이라 기대했지만, 이제 그 기대가 어긋났음을 깨닫기 시작했습니다. 흑인들과 히스패닉들도 점차 깨어나고 있습니다. 빅테크가 트럼프를 지지하는 방향으로 돌아서면, 이는 매우 중요한 변화입니다.

일론 머스크가 트럼프를 공개적으로 지지할 것이라는 보도도 나오고 있습니다. 빅테크 투자자들이 머스크를 설득하고 있으며, 머스크 역시 트럼프를 지지하는 의사를 드러내고 있습니다. 트럼프 대통령이 집권할 가능성이 높아지면서, 전기차 보조금과 같은 정책이 바뀔 경우 기업들이 큰 타격을 받을 수 있기 때문입니다. 빅테크가 변화하고 있다는 것은 그만큼 시대가 변하고 있음을 의미합니다.

  흑인들과 히스패닉들도 깨어나고 있는 상황에서, 미주 한인들이 아직까지 변화에 둔감하다는 점은 안타까운 일입니다. 우리 한인들도 빨리 깨어나 이 변화하는 미국의 흐름을 제대로 이해해야 할 것입니다.

30

MS317. 유죄판결 이후 더 높아진 트럼프의 인기.
왜 미국인들은 트럼프에 열광하나

트럼프 대통령이 캘리포니아주 오렌지 카운티를 방문했습니다. 주민들은 길가에 나와 '트럼프 2024'를 외치며 열렬히 환영하고 있습니다. 뉴욕 형사재판에서 유죄 판결을 받은 이후, 트럼프 대통령의 인기는 오히려 하늘을 찌를 듯이 상승했습니다. 좌파 성향의 언론에서는 트럼프가 유죄 판결을 받은 죄인이라고 표현하고 있지만, 왜 그의 인기가 더욱 높아지고 있을까요? 왜 미국인들은 트럼프에게 열광하는 것일까요? 오늘은 이에 대해 이야기해 보려고 합니다.

CNN, MSNBC와 같은 좌파 성향의 미국 주류 언론에 따르면, 지난 3월부터 트럼프가 형사 재판에서 유죄 판결을 받으면 출마를 포기할 가능성이 높다고 보도해 왔습니다. 그러나 출마 포기는커녕, 미국인들의 대다수가 트럼프에게 열광하며 유죄 판결 이후 그의 인기는 더욱 높아졌습니다. 미국 역사상 대통령이 형사 사건에서 유죄 판결을 받은 적이 없기 때문에, 이 사건은 큰 충격이었습니다. 좌파들은 이로 인해 공화당 당원이나 트럼프 지지자들마저 그를 외면할 것이라고 계산했습니다. 그러나 현실은 그들의 예상과는 정반대로 전개되고 있습니다.

가장 최근의 여론조사에 따르면, 펜실베이니아에서 트럼프 대통령이 바이든을 2% 이상 앞선 것으로 나타났으며, 애리조나, 오하이오, 플로리다 등 주에서는 7%에서 8% 이상으로 트럼프 대통령이 앞서고 있습니다. 이는 유죄 확정 이후 조사된 결과로, 좌파들과 언론이 예측했던 것과는 완전히 반대되는 현상입니다. 인기도뿐만 아니라 모금도 급증하고 있습니다.

Newsweek와 같은 좌파 신문에서도 트럼프가 미국에서 가장 Liberal한 도시에서 하룻밤에 1,200만 달러를 모금했다고 보도했습니다. 트럼프 대통령은 지난 6월 6일, 실리콘밸리에서 빅테크의 자금을 제공하는 투자자들과 함께 저녁 식사를 했는데, 이 모임에 참석한 사람들은 1인당 30만 달러씩을 기부했습니다. 유죄 판결 이후에도 샌프란시스코와 같은 좌파 도시에서, 빅테크 자금을 대는 사람들이 잠시 모였을 뿐인데도 1,200만 달러를 모금한 것입니다. 이는 엄청난 사실입니다.

　좌파들은 트럼프 대통령을 법적으로 곤경에 빠트려서 정치적으로 격추시키려는 시도를 해왔습니다. 그러나 미국 국민들은 트럼프의 불굴의 의지를 알게 되었고, 그를 향한 지지는 더욱 강해졌습니다. 많은 미국인들이 트럼프에게 열광하는 이유는 '동병상련'을 느끼기 때문입니다. 특히 많은 미국인들은 인종을 떠나, 트럼프가 자신들과 같은 처지에 있다고 느끼고 있습니다. 흑인들은 특히, 미국의 노예 제도가 1865년 남북전쟁 이후에도 남부에서 법적 차별이 지속되었으며, 1960년대까지도 차별이 존재했던 경험을 가지고 있습니다. 이로 인해, 죄를 짓지 않았음에도 기소되고 유죄 판결을 받아 감옥에 가는 경험을 했던 흑인들은, 트럼프가 아무런 잘못이 없음에도 불구하고 기소되어 재판을 받고 유죄 판결을 받는 것을 보며 동정심을 느끼고 있습니다.

　백인들 역시 마찬가지입니다. 모든 사람이 법 앞에서 평등해야 하지만, 민주당 측의 기득권층은 범법행위를 저질러도 처벌받지 않는 경우가 많습니다. 예를 들어, 힐러리 클린턴이 국가 기밀 문서를 불법적으로 처리했음에도 불구하고 기소되지 않았던 사례는 매우 잘 알려져 있습니다. 반면, 일반 미국 국민들은 작은 범법행위로도 법적 제재를 받으며, 벌금을 물거나 실형을 사는 경우가 많습니다. 이러한 상황에서 많은 백인 유권자들도 트럼프 대통령이 자신들과 같은 일반인이라고 생각하게 되었고, 그를 탄압하는 민주당 측이 기득권층의 특혜를 누리고 있다고 여깁니다.

트럼프 대통령에 대한 기소와 재판은 많은 미국인들에게 민주당 측이 트럼프를 탄압하고 있으며, 그가 피해자라는 인식을 심어주었습니다. 이러한 인식이 팽배해지면서, 트럼프의 인기는 계속해서 상승하고 있습니다. 민주당은 트럼프를 잘못 건드린 것입니다. 바이든 주변의 좌파 전략가들은 트럼프 대통령을 기소하고 재판에 넘김으로써 그를 정치적으로 격추시키려 했습니다. 뉴욕, 조지아, 연방 사건 등 여러 건의 민사 및 형사 사건을 통해 트럼프를 끊임없이 공격하면 그의 인기가 하락하고 모금 운동도 실패할 것이라고 오판한 것입니다.

그러나 이러한 사악한 전략이 성공할 리가 없었습니다. 오히려 많은 미국 국민들이 이 사건을 통해 민주당과 좌파 언론이 얼마나 사악하고, 얼마나 밀접하게 연관되어 있는지를 명확히 알게 되었습니다. 이제, 미국 국민들은 11월 대선을 기다리고 있습니다. 감사합니다. 다음에 또 뵙겠습니다.

31

MS319. 트럼프 암살 실패. 배후 세력은?

제가 필리핀 마닐라에 들를 일이 있어 공항에 머무는 중에, 트럼프 대통령이 피격을 당했다는 속보를 뉴스에서 보았습니다. 너무나도 충격을 받은 나머지, 과연 누가 이 배후에 있을까 하는 생각이 들었고 이에 대해 말씀드리려고 합니다.

미국 민주당과 바이든이 트럼프에 대해 근거 없는 악선전을 계속해 온 지 벌써 8년이 넘었습니다. 이는 마치 구소련이나 중공, 현재의 북한 정권이 근거 없는 공산당식 선전·선동으로 사람들의 말초 신경을 자극하는 것과 다를 바가 없습니다. 예를 들어, "트럼프는 민주주의를 파괴하고 있다." "트럼프는 민주주의의 방해꾼이다." "트럼프는 공공의 적이다."라는 식으로 끊임없이 미국 국민들에게 세뇌하듯이 계속 선전선동을 해온 것이 바로 미국 민주당입니다. 이와 같은 전략을 통해 트럼프를 악인으로 몰아가며, 국민들에게 그가 큰 문제를 가진 사람인 것처럼 인식하게 했습니다. 그 결과, 아무런 이유 없이 트럼프를 증오하고 혐오하는 사람들이 급격히 늘어난 것도 사실입니다.

이번 암살 시도 역시 의혹이 상당히 많습니다. 물론 크룩스라는 암살범은 그 자리에서 사살되어 사망했지만, 대응이 너무 늦었다는 점과 일부 보도에서 시크릿 서비스가 아닌 펜실베이니아의 지역 경찰이 쏜 것으로 전해진 점 등 여러 석연치 않은 점들이 많습니다. 나중에 시크릿 서비스는 이 사건에 대해 함구하고, 아무런 코멘트를 하지 않겠다고 밝혔습니다.

오바마가 재선 캠페인을 할 당시에는 방탄유리 속에서 유세를 진행했습니다. 트럼프 대통령 측도 시크릿 서비스에 경호를 강화할 것을 요구했으나, 시크릿 서비스는 이에 대해 응답하지 않았고 합니다. 크룩스라는 암살범은 블랙락이라는 미국의 주요 투자회사 광고 모델로 활동한 인물로 밝혀졌습니다. 블랙락은 거의 10조 달러의 자산을 관리하는 민주당 출신 정치인들이 요직을 차지하고 있는 엄청난 규모의 맨해튼 투자은행이자 컨설팅 회사로, 오바마와 민주당 세력이 집결된 곳입니다.

물론 이 사건이 음모론으로 비칠 수도 있지만, 크룩스가 블랙락의 광고 모델로 활동했던 점과 이번 암살 시도가 결코 무관하지 않다는 점을 무시할 수 없습니다. 또한, 암살범이 지붕 위로 총을 들고 올라갔음에도 불구하고 저지되지 않았고, 초기 대응이 지연되었다는 점도 의심스러운 부분입니다. 만약 트럼프 대통령이 옆으로 고개를 돌리지 않았다면, 그는 귀 대신 머리에 총을 맞아 즉시 사망했을 것입니다.

현장의 목격자들에 따르면, 크룩스가 지붕에 올라가는 것을 본 사람들이 있었고, 이들이 경찰에게 이를 알렸음에도 불구하고 경찰이 즉시 반응하지 않았다는 증언도 나왔습니다. 경찰은 오히려 "어디에 있냐?"며 묻는 등 미흡한 대응을 보였다고 합니다. 트럼프 대통령이 11월 대선에서 재선될 가능성은 높지만, 그가 그때까지 살아있어야 한다는 겁니다.

현재로서는 미국의 시크릿 서비스와 이를 조사하는 FBI조차도 신뢰하기 어렵습니다. 틀림없는 것은, 지난 10년 동안 민주당이 근거 없는 공산당식 선전·선동으로 트럼프를 악마화하며 많은 사람들에게 트럼프에 대한 증오와 혐오를 심어주었다는 점입니다. 이러한 배경을 깔고 이번 암살 시도가 일어났다는 것은 우리가 반드시 인식해야 할 사실입니다. 앞으로 트럼프 대통령의 트럼피즘이 무엇인지, 그리고 트럼피즘에 따라 미국의 외교 정책이 어떻게 변해왔으며 앞으로 어떻게 변해갈지에 대해 말씀드리겠습니다. 감사합니다.

32

MS322. 바이든 대선 포기 시점

바이든 대선 포기 시점

왜 이재와서

미국 역사상 집권 여당의 현직 대통령이 대선을 3개월 반 앞두고 갑자기 후보 사퇴를 한다는 것은 그야말로 전무후무한 대사건일 뿐만 아니라, 상식적으로 이해가 가지 않는 결정입니다. 2020년 대선을 기억하시는 분들은 당시 코로나가 한창이던 때를 떠올리실 겁니다. 트럼프 대통령의 유세에는 코로나 상황에도 불구하고 수만 명이 모였던 반면, 바이든의 유세에는 20~30명 정도만 모였습니다. 바이든은 주로 지하실에서 인터넷이나 방송을 통해 유세했기 때문에, 그가 당선될 가능성은 거의 없어 보였습니다. 그런데도 바이든은 자신이 트럼프를 큰 표 차이로 이길 것이라고 주장했습니다. 이는 현실과 너무나 동떨어진 주장이었기에 매우 이상하게 느껴졌습니다.

그러나 투표 당일과 이후 일주일 동안, 미시간과 조지아 등지에서 개표가 갑자기 중단되었고, 트럼프가 이기고 있던 상황에서 개표를 중단했고 개표가 재개되자 바이든이 이겨버린 결과가 나왔습니다. 우편투표 또한 이상하게 작용하면서 결국 바이든이 미국 역사상 가장 많은 표를 받은 후보 트럼프를 이기고 승리 선언을 했습니다. 이는 누구도 이해하기 어려운 것입니다.

올해 벌어지고 있는 2024년 대선도 마찬가지로, 트럼프 대통령을 바이든이 이길 것이라는 주장은 어불성설에 가깝습니다. 좌파 언론에서는 바이든이 트럼프를 리드한다는 보도가 간혹 있었지만, 모든 여론 조사에서 트럼프가 바이든을 큰 차이로 이기고 있었으며, 특히 스윙스테이트에서는 트럼프의 선전이 두드러졌습니다. 그럼에도 불구하고, 불과 지난주까지도 바이든은 자신이 트럼프를 쉽게 이길 수 있다고 주장해 왔습니다. 심지어 넘어지거나 쓰러지면서, 자기 부인 이름이나 아들이 어디서 사망했는지 헷갈리면서도 터무니없는 주장을 이어갔습니다. 이런 상황에서 갑자기 바이든이 사퇴를 발표한 것입니다.

  미국에서 대선 후보를 뽑는 방식은 공화당과 민주당이 현저히 다릅니다. 공화당은 트럼프 대통령처럼 가장 많은 득표를 한 후보가 공화당 후보가 됩니다. 트럼프 대통령은 전당대회에서 후보 수락을 했고, 공식적인 절차를 밟았습니다. 그러나 민주당은 다릅니다. 2020년 대선 때, 바이든은 아이오와 코커스에서 5위를 했고, 뉴햄프셔 프라이머리에서는 2위를 했지만, 민주당의 대통령 후보로 추대되었습니다. 당시 1위를 한 사람은 버니 샌더스 상원의원이었으나, 민주당 지도부는 바이든을 후보로 선택했습니다. 민주당에서는 최다 득표를 한 사람이 아니라, 당 지도부가 선택한 후보가 대통령 후보가 되는 것입니다.

  그렇다면 왜 대선을 3개월 반 앞둔 이 시점에서 현직 대통령이 갑자기 후보 사퇴를 했을까요? 이는 도저히 있을 수 없고, 이해하기 어려운 결정입니다. 현직 대통령이 후보 사퇴를 하는 것도 말이 안 되지만 만약 하려 했다면 작년에 해야 했으며, 아무리 늦어도 올해 초에는 해야 했습니다. 최소한 아이오와 코커스나 뉴햄프셔 프라이머리가 시작되기 전에 했어야 했습니다. 그런데 선거를 코앞에 두고 있는 이 시점에서 후보 사퇴를 한다니, 이는 매우 이상한 결정입니다.

  제가 지금부터 말씀드리려고 하는 것은 명확한 증거가 있는 것도 아니고, 무언가 뒷받침할 만한 정보에 기반한 것도 아닙니다. 다만 이러한 상황과 정황을 바탕으로 제가 추론한 결과를 말씀드리는 것입니다. 미 민주당과 딥스테이트는 트럼프 대통령을 여러 방법으로 괴롭혀 인기를 떨어뜨리게 하여, 스스로 후보 사퇴를 하도록 하는 것이 올해 대선 전략이었습니다. 예를 들어, 트럼프 대통령을 국가 전복의 주도자로 몰아가려 했습니다. 2021년 1월 6일 의회 난입 사건을 빌미로 트럼프 대통령이 국가를 전복하려 했다고 4년 동안 몰아갔으나, 이는 실패로 끝났습니다. 또한, 트럼프 대통령을 형사와 민사 사건으로 수십 건에 걸쳐 기소하려 했지만, 이 또한 실패했습니다. 트럼프 대통령은 막대한 현금을 보석금으로 내고 항소하며, 모든 계략을 이겨냈습니다. 무슨 국가 기밀 문서를 백악관에서 가져왔다느니 하는 주장도 있었지만, 트럼프 대통령은 기밀 해제권을 가진 대통령이었기에 이 역시 말도 안 되는 주장이었습니다. 또한, 포르노 배우에게 돈을 줬다는 주장이나 문서 위조, 탈세 등은 뮬러 특검에 의해 2년 반 동안 철저히 조사됐으며, 모두 무죄로 밝혀졌습니다. 이 모든 것이 실패로 돌아가자, 남은 한 가지 틀림없는 방법은 트럼프 대통령이 사망하는 것뿐이었습니다. 만약 트럼프 대통령이 갑자기 사망한다면, 바이든이 트럼프의 대타를 이길 가능성이 높아지며, 현직 대통령으로서 재선에 성공할 가능성이 커집니다. 혹은 트럼프 대타가 승리를 한다 해도 바이든이 근소한 차이로 패배할 가능성이 큽니다.

그러나 1주일 전에 있었던 암살 시도는 실패했습니다. 만약 암살이 성공했다면, 트럼프 대통령이 사망한 후에 바이든이 후보에서 사퇴했을까요? 만약 트럼프가 암살되었다면, 바이든은 후보에서 사퇴하지 않았을 것입니다. 여기까지 제 생각을 말씀드렸습니다. 감사합니다.

33

MS323. 카멜라 해리스가 도널드 트럼프를 앞선다?

지난 며칠 동안 미국 뉴스에서는 "카멜라 해리스가 트럼프 대통령을 인기도 면에서 앞선다"라는 거짓 보도가 이곳저곳에서 만연하고 있습니다. 오늘은 여러분께 짧게나마 이 이야기에 대해 말씀드리고자 합니다.

카멜라 해리스는 인도계 어머니와 자메이카계 이민자 아버지 사이에서 태어난 혼혈 여성으로, 샌프란시스코에서 태어났습니다. 그녀는 12살 때 부모가 이혼해 어머니의 손에서 자랐고, 어려운 어린 시절을 보냈습니다. 그러나 어린 시절의 어려움은 큰 문제가 아닙니다. 오히려 이러한 역경을 딛고 일어난 사람들이 훌륭한 인물이 되는 경우도 많기 때문입니다.

문제는 그녀가 20대 후반에 정치에 입문한 방식입니다. 해리스는 60대였던 윌리 브라운 샌프란시스코 시장 출신의 캘리포니아주 의회 의장과의 부적절한 관계를 통해 정계에 입문했다는 오명을 씻지 못하고 있습니다. 그 후 그녀는 검찰총장을 거쳐 상원의원이 되었고, 결국 부통령에 이르게 되었습니다. 그러나 검찰총장 시절, 해리스는 젊은이들의 마리화나 소지와 같은 경미한 범죄에도 엄격한 처벌을 가해, 많은 젊은이들의 인생을 망친 바 있습니다. 아이러니하게도 본인은 마리화나를 사용했다고 암시하는 발언을 여러 차례 한 적이 있습니다.

이러한 이중잣대는 해리스의 문제를 단적으로 보여줍니다. 바이든 대통령이 출마를 포기한 지 3일밖에 되지 않았습니다. 그런데도 해리스가 트럼프를 앞선다는 여론조사 결과가 나오고 있습니다. 이는 명

백히 말도 안 되는 가짜 뉴스입니다. 2016년 대선 당시를 기억해 보시면, 언론은 2년 동안 트럼프가 대통령이 될 가능성이 없다고 일관되게 보도했습니다. 당시 힐러리 클린턴의 당선 가능성이 92% 이상이라고 했지만, 결과는 트럼프 대통령의 압승이었습니다. 미국의 언론이 공정하지 못한 것은 이미 1960년대 중후반부터 시작되었습니다. 사회주의 사상을 가진 사람들이 언론사를 장악하기 시작하면서, 뉴욕타임스와 워싱턴포스트 같은 한때 공정한 언론으로 명성이 있었던 매체들조차 좌파의 손아귀에 들어갔습니다. 그럼에도 불구하고, 미국의 언론이 여전히 과거의 공정한 언론이라는 착각을 가진 사람들이 많습니다.

특히 한국 언론은 미국의 좌경화된 주류언론을 그대로 번역해 보도하는 경우가 많습니다. 이는 미국의 좌파 성향 언론이 선동하는 내용을 그대로 전달하는 것에 불과합니다. 지금 해리스가 트럼프를 앞선다는 보도도 2016년 힐러리 클린턴이 트럼프를 앞선다고 떠들던 상황과 똑같습니다. 따라서 미국 민주당의 선전·선동 기관으로 전락한 언론을 믿지 말아야 합니다.

이번 선거까지 남은 기간 동안 해리스가 트럼프를 앞선다는 보도가 계속될 것입니다. 그러나 우리는 2016년의 경험을 떠올리며 이러한 왜곡된 보도를 경계하며 접해야 합니다.

34

MS326. 사회주의자를 러닝메이트로 선택한 해리스

조 바이든 대통령이 대선 출마 포기를 선언한 지 약 2주 만에, 현 민주당 대선 후보인 카멜라 해리스가 오늘 자신의 러닝메이트로 극좌 성향의 사회주의자인 미네소타주 주지사 팀 왈즈(Tim Walz)를 선택할 것이라는 보도가 있었습니다. 아직 공식 발표는 없지만, 오늘 저녁 발표될 예정입니다. 이와 동시에 미국의 주요 언론들은 해리스의 지지율이 도널드 트럼프 전 대통령을 앞서고 있다는 보도를 이어가고 있습니다. 그러나 이러한 보도는 실제 여론과 거리가 있으며, 잘못된 정보에 기반한 것임을 설명하고자 합니다.

먼저, 최근의 여론조사 결과를 살펴보겠습니다. 해리스와 트럼프 간의 직접 비교에서 해리스는 46.3%, 트럼프는 46.9%로, 트럼프가 근소한 차이로 앞서고 있습니다. 하지만 모든 후보들을 포함한 조사에서는 해리스와 트럼프가 각각 44.5%로 동일한 지지율을 보이고 있습니다. 이를 조금 더 깊이 분석해 보면, 해리스의 지지율이 실제로는 훨씬 더 낮아야 한다는 점을 알 수 있습니다. 예를 들어, 스타인과 케네디 같은 중도 성향 또는 독립 후보들이 상당한 지지율을 얻고 있는데, 이들은 해리스의 표를 뺏어가는 후보들이기 때문에 해리스의 실제 지지율은 38%에서 39% 수준에 그쳐야 논리적입니다.

여론조사 결과를 조작하려는 시도가 의심되는 이유는 명백합니다. 해리스와 트럼프의 지지율을 비교한 단독 조사에서는 트럼프가 앞서는데, 모든 후보를 포함한 조사에서는 두 후보가 동일한 지지율로 나타나고 있습니다. 이는 여론조사 기관들이 설문조사를 주로 민주당 성향이 강한 지역에서 전화로 실시하기 때문으로 보입니다.

National 2024 Presidential Election Polls

Harris vs. Trump — 7월말 트럼프 대 해리스 둘만 비교

Source	Date	Sample	Harris	Trump	Other
Average of 10 Polls†			46.3%	46.9%	-
Economist / YouGov	7/31/2024	1,430 RV ±3.1%	46%	44%	10%
Redfield & Wilton	7/30/2024	1,750 LV	45%	43%	12%
Florida Atlantic U.	7/30/2024	952 LV	48%	46%	6%
Harvard Caps/Harris	7/30/2024	2,196 RV ±2.1%	45%	48%	7%
Morning Consult	7/29/2024	11,538 RV ±1%	47%	46%	7%
AtlasIntel	7/27/2024	1,980 RV ±2%	48%	50%	2%
Wall Street Journal	7/26/2024	1,000 LV ±3.1%	47%	49%	4%
The Times (UK) / YouGov	7/25/2024	1,170 RV ±3.2%	44%	46%	10%
Morning Consult	7/25/2024	11,297 RV ±1%	46%	45%	9%
NY Times / Siena College	7/25/2024	1,142 LV ±3.4%	47%	48%	5%
CNN	7/24/2024	1,631 RV ±3%	46%	49%	5%
Economist / YouGov	7/24/2024	1,435 RV ±3.1%	41%	44%	15%
Florida Atlantic U.	7/23/2024	711 LV	44%	49%	7%
Yahoo / YouGov	7/23/2024	1,178 RV	46%	46%	8%
NPR/PBS/Marist	7/23/2024	1,117 LV ±3.5%	45%	46%	9%

Harris vs. Trump
Including Third Parties and Independents — 7월말 모든 후보를 포함한 통계상의 트럼프 대 해리스 비교

A separate average calculation for the subset of polls that have a question that names one or more notable candidates in addition to Harris and Trump. The inclusion of these names can significantly influence the polling average.

Source	Date	Sample	Harris	Stein	Kennedy	West	Oliver	Trump	Other
Average of 8 Polls†			44.5%	0.6%	5.1%	0.3%	0.0%	44.5%	-
Economist / YouGov	7/31/2024	1,430 RV ±3.1%	46%	0%	3%	0%	-	44%	7%
Redfield & Wilton	7/30/2024	1,750 LV	45%	-	5%	-	-	43%	7%
Florida Atlantic U.	7/30/2024	952 LV	44%	-	8%	-	-	43%	5%
Harvard Caps/Harris	7/30/2024	2,196 RV ±2.1%	42%	1%	7%	1%	-	45%	4%
AtlasIntel	7/27/2024	1,980 RV ±2%	46%	-	5%	-	0%	48%	1%
Wall Street Journal	7/26/2024	1,000 LV ±3.1%	45%	1%	4%	1%	0%	44%	5%
The Times (UK) / YouGov	7/25/2024	1,170 RV ±3.2%	44%	1%	4%	0%	-	46%	5%
NY Times / Siena College	7/25/2024	1,142 LV ±3.4%	44%	0%	5%	0%	0%	43%	8%
Economist / YouGov	7/24/2024	1,435 RV ±3.1%	41%	1%	5%	1%	-	44%	8%
Florida Atlantic U.	7/23/2024	711 LV	39%	-	9%	-	-	45%	7%

이로 인해 해리스의 지지율이 실제보다 높게 나타나는 것입니다.

또한, 미국의 주류 언론은 대부분 민주당의 입장을 대변하고 있습니다. 이러한 언론들이 트럼프에 대해 부정적인 기사를 집중적으로 내보내고, 민주당 후보들에게 유리한 보도를 이어가는 것은 공정한

언론 보도의 원칙을 훼손하는 것입니다. 2020년 대선 당시, 바이든 후보와 그의 아들 헌터 바이든의 비리에 관한 보도가 충분히 이루어졌다면, 바이든이 당선되기 어려웠을 것입니다.

민주당의 2020년 대선 전략이 '진실 은폐'였다면, 2024년 선거 전략은 거짓 정보를 기반으로 한 조작된 '가짜뉴스 퍼트리기'입니다. 특히, 이번 선거에서 해리스 후보가 공산주의자를 러닝메이트로 선택한 것은 미국 사회에 큰 영향을 미칠 수 있습니다. 젊은층에서 사회주의에 대한 지지가 높아지는 경향이 있지만, 이는 사회주의의 실체를 젊은층이 제대로 이해하지 못한 결과입니다. 실질적으로는 민주당도 30대 후반 이상의 유권자들은 사회주의를 선호하지 않습니다. 과거 버니 샌더스가 민주당 내에서 높은 인기를 누렸지만, 당선되지 못한 이유도 이와 같은 맥락에서 이해할 수 있습니다.

이번 결정은 공화당에 의해 강력히 비판받을 가능성이 높습니다. 사회주의 성향의 러닝메이트를 선택한 것이 민주당의 자멸로 이어질 수도 있습니다. 미국의 대다수 유권자들은 여전히 사회주의에 대해 부정적 견해를 가지고 있으며, 이는 선거 결과에 큰 영향을 미칠 것입니다. 이러한 상황에서 민주당의 전략이 무엇이지 주목해야 합니다. 공화당 또한 부정선거 방지를 위한 다양한 전략을 준비하고 있으며, 선거 과정에서 이런 방어 전략이 중요한 역할을 할 것입니다. 이번 선거에서 중요한 것은 사실에 기반한 공정한 보도와, 이를 바탕으로 한 유권자들의 올바른 판단입니다. 이 점을 유념하여, 다가오는 선거에 대한 관심과 참여가 필요합니다.

35

MS333. 미국 망가뜨리는데
(동원되는 줄도 모르고) 동참하는 한인들

제가 며칠 전 캘리포니아 64 지구에 주하원의원 오티즈 후보의 펀드레이징 이벤트에 참가했었습니다. 저는 쭉 동부에서 살아왔기 때문에 처음으로 이사 온 이곳 남 캘리포니아주의 상황도 좀 파악을 할 겸 해서 참가를 했는데 거기서 '라울 오티즈' 후보와 여러 가지 이야기를 많이 나눌 수 있었습니다. 그리고 이 남캘리포니아의 히스패닉의 정치 라디오쇼 중에 가장 인기가 있는 쇼가 데이빗 허난데스 쇼입니다. 쇼의 호스트인 데이빗 허난데스도 펀드레이징에 참가해서 만나서 서로 여러 가지 많은 대화도 나누고 앞으로 기회가 있으면 그의 방송에 출연하기로 이야기도 하고 그랬습니다.

그런데 저와 동행한 한인 일행 두 분 말고는 한인이 딱 한 명 있었습니다. 이쪽 오렌지 카운티에는 영어를 하는 2세 한인들도 엄청나게 많이 거주하고 있는데 저희 일행 세 명을 제외하고는 한인이 딱 한 명 밖에 없었다는 것은 이해할 수 없었습니다. 어쩌면 이렇게 정치에 무관심한지 이제 11월 선거가 바로 앞으로 다가왔는데 우리 한인들의 대부분이 돈만 많이 벌면 된다고 생각하시는 분들이 많은데 물론 돈이 있으면 본인은 개인적으로 편안한 생활은 할 수 있을 겁니다. 하지만 정치력이 없으면 아무리 돈이 많아도 그런 민족은 영원히 미래가 없는 민족이 되는 겁니다.

물론 우리 그 한인들 중에도 미국에 큰 도움이 되는 훌륭하신 분들도 상당히 많이 있습니다. 예를 들면 경제적으로 열심히 해서 큰 그 부을 이루어서 세금도 엄청나게 많이 내고 여기저기 좋은 일에 도네이션도 많이 하는 분들도 상당히 많아요. 그런 분들은 훌륭하신 분들이죠. 직접 정치에 참가하거나 이렇게 하지 않는다고 해도. 그리고 또 다른 훌륭하신 분들도 많아요. 여기 와서 보니까 자기가 살고 있는 커뮤니티에 각종 자원봉사 같은 거를 열성적으로 참가하시는 분들도 있고, 또 제가 만난 부부 중에 정말로 훌륭하신 부부는 LA 노숙자들과 홈리스들에게 새벽에 한국 라면을 끓여서 8년째 봉사를 하고 있는 이런 훌륭하신 진짜 미국에서 태어난 미국인들보다 더 훌륭한 일을 하시는 분들도 있습니다.

하지만 반면에 미국을 망치고 있는 한인들이 대다수인데 문제는 이런 분들이 자신들이 미국을 망치고 있다는 사실조차도 잘 모르고 있다는 사실이 참 큰일입니다. 자 그러면 도대체 이렇게 미국을 망치는 우리 한인들이 누구냐.

첫째가 민주당을 소수민족을 위한 당이라고 칭찬하면서 민주당을 지지하고 투표 때마다 민주당을 찍는 그런 한인들이 바로 자신들이 미국을 망치고 있는지도 모르면서 망치는 일에 일조하는 그런 한인들입니다. 그런데 재밌는 것은 한국의 민주당이나 미국의 민주당이나 똑같이 사회를 전체주의, 사회주의로 몰고 가는 집단인데 한국의 민주당은 엄청나게 비난하면서 미국의 민주당은 칭찬하고 지지합니다. 도저히 이해할 수가 없는 거죠. 그러니까 한국 민주당은 완전히 극좌당이고 미국 민주당은 그렇지 않은 걸로 생각하는 거 같아요. 여러분들 제대로 좀 미국을 아시기 바랍니다. 현재 미국 민주당이나 한국 민주당이나 똑같은 좌파이고 세상을 사회주의로 몰고 가는 집단입니다. 많은 분들이 50년 전, 60년 전에 미국의 정상적으로 리버럴했던 민주당인 줄 착각하고 있습니다.

지금 현재 미국 민주당은 동성 결혼, 동성 연애를 찬양하는 정도가 어느 정도냐면 "야 하나님이 남성 여성을 정해 주는 게 아니야. 남자가 어디 있고 여자가 어디 있냐. 여자로 태어났어도 내가 남자 하고 싶으면 남자 하면 되는 거고, 또 남자로 태어났어도 내가 여자 하고 싶으면은 성기 절단하고 주사 맞고 해가지고 내가 여성 하면 되는 거다. 그리고 여자 탈의실이나, 여자 목욕탕이나 이런데 여자 화장실 같은데 맘대로 들락거리고 여성 스포츠에 참가해 가지고 금메달 휩쓸면서, 성이라는 것은 하나님이 주는 게 아니야. 우리 맘대로 현대 의학을 통해서 바꾸면 되는 거야."라며 성 전환을 찬양하고 조장하는 게 지금 미국 민주당입니다. 그런데도 대다수 교회의 목사님들은 입을 다물고 모른 체 하고 "교회에서 정치 얘기를 하면 안 된다."라고 자신들의 침묵을 정당화하면서 회피합니다. 성은 하나님이 주시는 게 아니고 인간이 여자, 남자 맘대로 바꿔도 된다."고 주장하는게 무슨 정치적인 이야기입니까? 당연히 교회에서 목사님들이 "이것은 사탄이다"라고 이야기해야 되고 민주당은 사탄이 지배하는 당이라고 이야기해야 되는데 입을 꽉 다물고 있죠. 그러니까 교회 목사님들도 미국을 망치는데 일조하고 있는 한인인 겁니다.

자 그리고 미국을 망치는데 또 일조를 하고 있는 다른 그룹은 "자신은 보수이고 공화당인데 트럼프는 아니다"라고 주장하는 사람들도 역시 간접적으로 미국을 망치는데 일조를 하고 있는 겁니다. 트럼프 대통령은 이미 2017년부터 2021년까지 4년 동안 한 번 임기를 했던 분입니다. 트럼프 대통령의 정치, 외교, 국방, 경제 정책이 자세히 뭔지도 모르면서 민주당에서 구소련식의 프로파간다로 떠들어대는 개인적인 인신공격과 같은 "여성 편력이 심하다, 말을 함부로 한다, 뭐 장사꾼이다." 등등 사회주의 운동원들이 언론인으로 위장해서 장악한 미국의 주류 언론을 통해 인신 공격하는 민주당의 선전·선동 문구에 완전히 놀아나고 있는 거죠.

소위 보수고 공화당이라면 공화당의 외교, 국방, 경제 등의 기본 정책이 무엇인지 정도는 알고 비판을 해야 되는 겁니다. 참 안타깝죠. 현 미국의 외교 정책 그리고 통치 정책은 소련 붕괴 직후인 1990년 대 초에 부시 행정부가 세운 글로벌리즘을 바탕으로 한 정책입니다. 그러나 이 정책은 시행한지 한 10년이 지난 2000년대 초 이미 911 사태를 기점으로 이것은 이론적으로만 가능하지 실제적으로는 작동이 되지 않는 이론에 불과하다는 것을 미국의 정치인들은 깨달았습니다. 그럼에도 불구하고 계속해서 미국의 민주, 공화 양당이 빅텍이나 빅파마 그리고 월 스트의 빅머니 등 대기업 로비의 조종을 받으면서 글로벌리즘 정책을 계속해서 실시하고 있습니다. 그러면서 지구 곳곳에서 많은 나라의 전통과 상황에 맞지 않는 미국의 글로벌리스트 정책 때문에 많은 문제가 발생하고 여기저기서 분란, 심지어는 전쟁이 일어나고 혼란이 계속되고 있는 겁니다. 그럼에도 불구하고 이 글로벌리즘 정책의 강력한 유지를 지지하는 당이 민주당입니다. 그리고 이것에 반기를 들면서 "이러한 정책은 포기를 해야 되고 1990년 대 이전의 미국의 외교 정책으로 돌아가야 된다"라고 주장해서 당선된 사람이 트럼프 대통령이고 이번 선거에도 역시 똑같은 이념으로 똑같은 정책으로 재도전을 하고 있는 겁니다.

자 그러면 도대체 글로벌 정책이 무엇이고 트럼프가 왜 반대를 하는지 그리고 트럼프가 주장하는 가치는 무엇인지 이런 것들은 제가 한국 방문을 하면서 트럼피즘 미국의 외교 정책에 대해서 강연을 한 내용에 쭉 나와 있습니다. 서울대 강연이나 또 국회, 경북도청 이런 데서 쭉 강연을 했는데 제가 그 강연들을 이렇게 순서대로 쭉 아래 화면 밑에 링크를 걸어 놔놨으니까 한번 보시기 바랍니다. 제가 이걸 따로 설명해 드리지 않아도 쭉 나와 있으니까 왜 우리가 트럼프를 지지해야 하고 지금 민주당의 외교, 군사, 정치, 경제 등 모든 정책이 소수의 인터레스트에 휘둘리면서 소수를 대변하는 그러한 정책이고 그러한 당이 민주당인 것이라는 것을 이해할 수 있습니다.(유튜브의 MS333회 영상의 아래쪽에 있는 링크들을 클릭하시면 강연들을 시청하실 수 있습니다.)

36

MS335. 드디어 진짜 통계 나왔다.
트럼프 당선 가능성 60% 이상

39.7% 당선 가능성 **60.1%**

Silver 모델

바이든이 대선 포기 선언을 하고 해리스가 대타로 나선 이후에 사회주의 운동원들이 언론인으로 위장해서 장악해 버린 미국의 모든 주류 언론사들은 해리스가 트럼프를 2~3% 인기도에서 앞선다고 일제히 약속이나 한 듯이 선전 선동을 해오고 있는데 드디어 선전 선동도 한계에 다다랐는지 진짜 통계를 내놨습니다. 지금 보시는 이 화면은 뉴스위크지의 보도인데 "Nate Silver election model gives Trump highest chance of Winning since July."(네이트 실버의 선거 모델에 의하면 7월 이래로 트럼프의 가장 높은 당선 가능성을 예측하고 있다)라는 내용입니다.

이 네이트 실버라는 친구는 미국의 선거 통계 전문가입니다. 2007년 이후로 미국의 모든 중간선거와 대선을 가장 정확하게 예측했다는 평가를 받는 전문가인데 2020 선거 때 바이든이 승리할 것으로 예측을 했습니다. 물론 이 친구자신은 좌파인데 좌파가 인정하는 가장 정확한 예측가이고 이 사람이 이번 선거에서 트럼프 대통령이 큰 표 차이로 승리할 것을 예측하고 있는 겁니다.

밑에 빨간 동그라미 친 부분을 보면 "Silver's forecast model gives Trump 60.1% chance of winning"이라고 트럼프 대통령이 당선될 가능성을 60.1% 보고 있고 해리스 당선 가능성을 39.7% 보고 있습니다.

자 이것은 '리얼클리어 팔리틱스'가 집계한 통계인데 플로리다, 텍사스에서 5%, 4% 오하이오에선 무려 10% 앞서는 것으로 나오죠. 가장 최근 통계이죠. 이 리얼클리어 팔리틱스도 약간 좌파 성향이 있는 그러한 통계 회사입니다. 여러번 말씀드렸지만 우리가 2016년도에 힐러리 클린턴 대 도널드 트럼프 대선을 기억합니다. 2016년 당시 미국의 모든 방송사 모든 신문사가 "힐러리가 대통령에 당선될 가능성은 85%~ 92% 정도 되고 트럼프 당선 가능성은 거의 없는 걸로 봐야 된다." 트럼프 당선 가능성을 꼭 숫자로 말해야 한다면 8% 정도 밖에 안된다. 당시에 트럼프가 대통령에 당선된다는 것은 "It's a joke", 그러니까 조크라고 하면은 농담이라는 뜻인데 이럴 때 조크하면은 그것은 말도 안 된다는 얘기입니다. 그런데 선거 당일날 개표를 해 보니까 트럼프가 엄청난 표 차이로 당선이 됐죠. 그때 미국의 모든 국민들은 충격을 먹었습니다.

어떻게 이렇게까지 큰 표 차이로 트럼프가 이길 수 있느냐 너무너무 의아해했어요. 어떻게 틀려도 한두 방송사이지 거의 모든 방송사가 이렇게까지 틀릴 수 있느냐. 그때 비로소 미국의 많은 국민들이 깨달았습니다. 사회주의 운동원들이 언론인으로 위장해서 미국의 언론사를 장악하고 선전 선동을 했다는 것을 그때 깨달은 거예요. 자 폴리마켓 닷컴이라는 회사가 있습니다. 이 폴리 마켓이라는 회사는 참가자들에게 실제로 돈을 베팅해서 사건, 현상 등을 예측하는 통계 및 투자회사입니다. 그래서 사람들이 매우 신중하게 결정하고 베팅하는데 이 회사가 세계에서 가장 큰 베팅 마켓입니다. 그래서 통계 시장에서 정확도에서 새로운 강자로 지금 떠오르고 있는 회사가 폴리 마켓인데 여기에서도 보면 트럼프가 51%, 해리스가 47% 밖에 안 나옵니다.

더 중요한 것은 스윙 스테이트인데 애리조나에서 트럼프가 61% 해리스는 39%이고 조지아, 펜실바니아, 네바다 등 도표를 보십시오. 이래도 깨어나지 못하고 계신 우리 한인들이 상당히 많습니다. 극도로 좌경화된 미국의 언론이 보도하는 내용을 그대로 한국어로 번역해서 똑같이 보도하고 있는 한국 언론을 접하고 있는 우리 한인들은 자신들도 모르게 좌파에게에 세뇌당하고 선동을 당하고 있는 것입니다. 특히 캘리포니아 한인들 제발 좀 정신 좀 차리십시오. 이 공산 좌파 전체주의자 해리스가 민주당 후보로 나서서 이 좌경화된 미국의 주류 언론과 손을 잡고 국민을 기만하면서 전체 유권자들을 지금 흔들어대고 속이고 있는 겁니다. 그리고 트럼프는 "여성 편력자, 미치광이, 돈밖에 모르는 사람이다" 이런 식으로 막 몰아가고 있는 거죠. 선동을 당하지 마시고 트럼프 대통령이 주장하고 있는 또 내세 있는 정책 지난 4년 동안 이미 대통령을 하질 않았습니까. 그의 정책의 자세한 내용이 무엇인지 공부를 좀 하셔서 트럼프를 제대로 아시기를 바랍니다.

37

MS337. 트럼프-해리스 토론 심층분석.
좌파 언론도 트럼프 승리 인정

미국 좌파 언론의 대명사로 알려진 CNN이 "트럼프 해리스 대선 토론 이후에 트럼프의 인기가 더욱더 높아졌다"는 진짜 뉴스를 내보 냈습니다. "토론 이후에 사람들이 경제 문제에 관해서 트럼프를 더 신용하게 된 것으로 CNN 통계 조사상에 나타났다."는 헤드라인 기사인데 그 밑에 보면 화살표에 16%~20%라고 해놨는데 이것은 트럼프의 경제 운영 능력에 대한 신용도가 토론 이전에는 16% 였는데 토론 이후에 20%로 증가했다는 내용의 보도입니다.

그런데 이런 진짜 뉴스는 언론이, 특히 TV는 절대로 내보내지 않는다는 거죠.

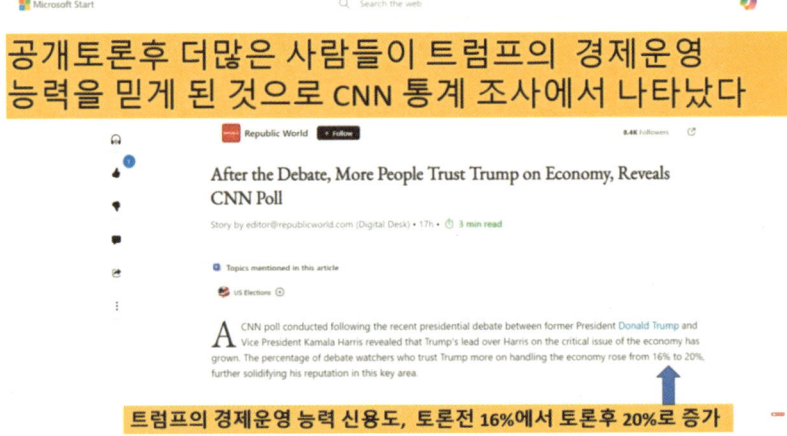

온통 뉴스를 보면 사회주의 운동원들이 언론인으로 위장해서 장악한 미국의 이 주류 언론은 해리스 칭찬 일색입니다. 예들 들면 "트럼프가 졌다." "해리스의 완승이다." 이런 선동성 가짜뉴스들이 난무하

고 선동을 하고 있는데 제가 오늘 여러분에게 왜 트럼프가 진정한 승자인지 하나씩 말씀드리도록 하겠습니다.

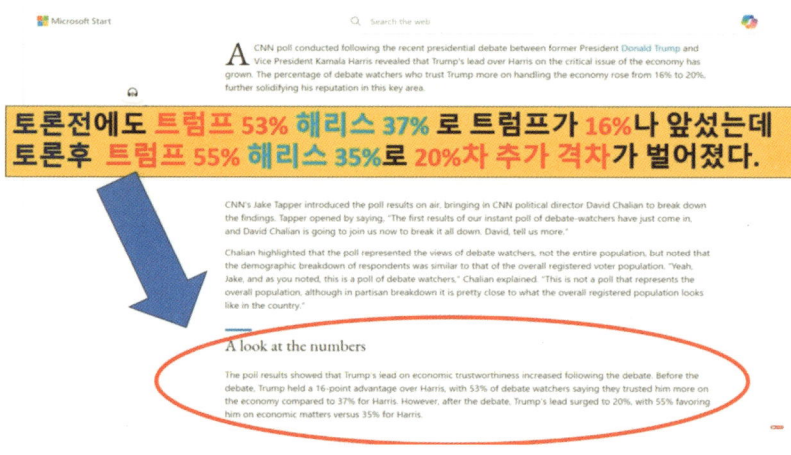

 이게 아까 그 CNN 보도인데 밑에 보면 제가 빨간 동그라미를 해놓은 부분에 "A look at the numbers"라고 되어 있죠. 숫자를 보자는 이야기인데 거기에 보면 토론 전에도 경제 문제 지지도는 트럼프가 53%였고 해리스는 37%로 트럼프가 16% 앞서 있었다는 겁니다. 그런데 토론 직후에 다시 조사하니 똑같은 시청자들의 지지도가 트럼프 55% 해리스 53%로 트럼프 신용도가 올라갔고 해리스의 신용도는 2% 떨어졌다고 CNN이 발표하고 있는 겁니다. 여러분 CNN이 어떤 방송입니까? CNN은 완전히 좌파 방송이고 CNN 시청하는 사람들도 거의 다 좌파 성향 시청자들입니다. 그런데 이런 좌파 시청자들이 트럼프 해리스의 디베이트를 보기 전과 보고 난 후에 이런 변화가 왔다는 거예요. 이것은 일반 사람들 좌파나 우파 성향이 없는 사람들이 봤을 때는 훨씬 더 트럼프에게 믿음이 가고 신용이 가는 이런 디베이트를 했다는 겁니다. 그런데도 해리스는 두뇌가 없을 정도로 무능한 여성인데 민주당의 선전·선동으로 전락한 미국의 모든 주류 언론이 해리스를 계속 엄청나게 띄우고 있는 겁니다.

한국 언론은 이런 편향적 뉴스를 그대로 번역만 해서 전달하고 있는 겁니다. 어떤 후보가 승자이고 어떤 후보가 패자인가를 판단하는 기준은 시대가 이젠 바뀌어 옛날과는 완전히 다릅니다. 전엔 질문에 대답을 잘하는 후보가 토론의 승자라고 봤다면 요즘은 그게 아니라 누가 팩트 베이스로 진실을 이야기하고 누가 감성적으로 선동적인 답을 하느냐입니다. 트럼프 대통령은 팩트 베이스로 대답했어요. 그런데 해리스는 낙태 문제라든가 자신이 어렸을 때 의붓아버지한테 당했다던가 이런 감성을 불러일으키는 내용, 트럼프가 여성의 몸을 여성 맘대로 못 하게 한다는(낙태를 의미함) 식의 거짓말을 마치 진실처럼 매우 감성적인 연기를 합니다.

이걸 보고 감동을 하는 사람들이나 이런 식의 답변을 잘했다고 생각하는 사람들은 대선 토론을 평가하는 옛날 기준에 아직도 젖어있는 겁니다. 예를 들면 트럼프 대통령이 대선 토론 중에 지금 바이든-해리스의 정권에서 국경을 열어놔서 너무나 많은 불법이민자들이 월경을 했다. 그래서 이 사람들 미국을 엉망으로 만들고 있는데 오하이오 주의 스프링필드에서 지금 이 이민자들이 길거리에 돌아다니는 고양이를 잡아먹고 개를 잡아먹는다고 이야기했습니다. 그런데 이것을 해리스는 가만히 있는데 사회 보는 친구가 완전히 민주당의 약을 먹어 가지고 해리스 편을 들면서 마치 해리스의 변호사인 것처럼, 사회 진행은 안 하고 뭐라 했냐면 "아 그런 것을 그 신용할 만한 보도가 없다. 보도가 없는데 왜 그런 얘기를 하느냐."라고 트럼프를 반박하는 거예요. 그거는 사회 진행자가 할 이야기가 아니죠. 트럼프 대통령이 그런 이야기를 하면 "그런 보도가 있습니까?". "알아보겠습니다, 확인해 보겠습니다." 하고 넘어가면 되는 거예요.

토론 사회를 맡은 ABC 앵커가 해리스의 변호인이 되어 온 국민들이 시청하고 있는데 이렇듯 편파적으로 이야기하는 것은 바로 자기 자신을 무너뜨리고 그러지 않아도 시청률이 저조해서 잘 보지도 않는 ABC를 점점 망하게 만드는 언행입니다. 요즘 젊은 사람들은 옛날처럼 "앵커맨이 저렇게 얘기하는데 왜 트럼프는 자꾸 자기 주장을 하고 그래." 하면서 트럼프를 탓하면서 속아 넘어가지 않습니다. 그건 기성세대, 연세가 드신 분들이고, 요즘에 젊은 디지털 세대는 그런 경우에 바로 스마트폰을 꺼내 가지고 X(구 트위터), 아니면은 페이스북, 인스타그램, 틱톡 같은 소셜 미디어에 찾아봅니다.

그러면 즉시 비디오 증거부터 그걸 찍은 사람 이름부터 다 나옵니다. 유튜버도 있어요. 시민들하고 같이 촬영하고 올린 것들 이렇게 다 있습니다. 아직도 주류 언론의 선동에 속는 사람들은 연세가 드신 분들, 뉴스를 TV나 신문으로만 접하는 층이 언론에 속아서 트럼프 욕을 하고 민주당을 찬양하는 겁니다.

제가 지난번에도 말씀드렸습니다만 2016년 대선 토론 때에 힐러리와 트럼프가 맞붙었을 때 다나 브라질이라는 여성앵커가 대선 토론의 질문지를 미리 빼돌려서 힐러리한테 넘겼습니다.

 그러니까 힐러리는 얼마나 연습을 많이 해서 나왔겠어요. 아주 유창하게 2016년 토론 당시 쫙 대답을 얼마나 잘했습니까. 트럼프 대통령은 처음 듣는 질문들이라서 그 자리에서 처음 듣고 대답한 거고, 그런데 결과는 어땠습니까? 트럼프가 대승을 거뒀죠. 그러니까 이젠 누가 말을 잘 받아치고 이야기를 잘 하느냐를 보는 게 아니고 누가 진실을 이야기하고 누가 가짜로 쇼를 해서 말만 잘하느냐를 구분하는 것으로서 지금 많은 미국의 시청자들은 수준이 높아 있습니다.

지금 보시는 이 화면은 CNN 토크쇼의 장면입니다. 왼쪽에 보이는 여성이 '니나 터너'라고 민주당의 전 오하이오의 주상원 의원을 지낸 사람입니다. 이 사람이 "트럼프와 해리스 TV 토론에서 사회를 보는 ABC 진행자가 트럼프에게 불리하게 진행했다. 왜 트럼프가 하는 말에 사회는 안 보고 반박을 하고 공격하느냐? 해리스에게는 매우 우호적이고 쉬운 질문을 트럼프에겐 적대적으로 사회를 진행했다."고 주장을 하고 있는 거예요. 오죽하면은 이렇게 민주당 상원의원 출신이 나와서 바른말을 하겠습니까? 짜고 치는 고스톱을 CNN 각본대로 잘 진행해야 하는데 각본대로 안 돼서 이때 분위기가 매우 이상하고 이 뉴스쇼 자체가 엉망이 됐습니다. 아마 제가 봤을 때 방송 사고가 난 것 같은데 뭐 좋습니다. 이렇게 진실이 튀어나오는 거예요. 자 트럼프 대통령은 여러분들도 보셔서 아셨겠지만 ABC 진행자 두 명과 해리스 셋이서 같은 편 대 트럼프 한 명 이렇게 3대 1로 토론을 한 겁니다.

그러니까 트럼프 대통령 눈에는 이 두 명의 앵커는 민주당의 고용된 선전·선동원으로밖에 안 보이는 겁니다. 사회자들은 해리스-바이든의 변호사로서 해리스와 함께 편을 먹고 트럼프 대통령은 변호인 없이 3 대 1로 싸우는 상태인 것을 트럼프 대통령은 이미 알고서 토론에 임했고 세 명을 상대한다기보다 초지일관 국민들에게 직접적인 대국민 연설을 한 겁니다. "국민 여러분 제가 지금 3대 1로 싸우고 있는 거 보이시죠." 하면서 계속 경제 수치부터 전쟁, 기름값, 인플레이션 등 모든 것을 팩트베이스로 국민에게 이야기한 거예요. 오죽하면은 CNN 같은 좌파 방송의 시청자들이 디베이트 전에 조사했던 인기도와 디베이트 끝나고 조사한 인기도에서 토론 후에 트럼프가 더 높은 인기도를 보였다는 것을 CNN이 통계를 내서 보도했겠습니까. 특히 경제문제에 관한 부분인데 미국 국민의 대다수는 다른 나라 국민과 마찬가지로 가장 중요하게 생각하는 분야가 경제이고 가장 우리의 실생활과 직결되어 있는 게 경제정책입니다. 우크라이나 전쟁이고 뭐고 다 그거는 제2, 제3의 문제이고 대선을 결정할 가장 큰 관심사가 경제문제입니다. 그런데 이 부분의 인기도가 이렇게 엄청난 차이가 있다라는 것을 CNN 인정을 한 것입니다.